Cuenca
Huete
Priego
Tarancon
Pajaron
Valverde
Honrrubia
Belmonte
Quintanar de la Orden
S. Clemente
Iniesta
Minaya
Villa Robleda
Requena
Utiel
Moya
Segorbe
Liria
Valence
R. Guadalaviar
Alcira
Jorquera
Cullera
S. Felipe
Gandia
Denia
Albacete
Chinchilla
Almansa
Villena
Onteniente
Alcoy
Xixona
Hellin
Jumilla
Monforte
Alicante
Elche
Orihuela
Segura R.
Moratalla
Cehegin
Caravaca
Molina
Murcie
Guardamar
Alhama
Jimenado
Carthagene
C. Palos
Lorca
Totana
Velez el Rubio
Huescar
Baza
Albox
Purchena
Vera
Mujacar
Almeria
C. de Gata
Ocaña
Consuegra
Daymiel
Ciudad Real
Valdepeñas
Villahermosa
Alcaraz
La Carolina
Segura la Sierra
Ubeda
Cazorla
Guadix
Nevada
Motril
Adra
Dalias
C. Pinaso
C. Canet
Altea
MÉDI
E R

C. Mondego
Coimbre
Estrella
Castel Branco
Salvaterra
Coria
Plasencia
Canaveral
Alcantara
Abrantes
Crato
Portalegre
Torremocha
Léon
Cacares
LISBONNE
Tage
Setubal
C. Espichel
Badajoz
Evora
Estremoz
Elvas
Merida
Olivença
Barcarrota
Zafra
Viana
Grandola
Beja
Moura
Serpa
Aracena
Valverde
Almodovar
Mertola
Silves
Tavira
Faro
Castro Marim
Ayamonte
C. St. Vincent
C. Ste. Marie
San Lucar
Séville
Lebrija
Guadalquivir
Cadix
I. de Léon
C. Trafalgar
Détroit

순례자들의 안식처,
에르미타를 찾아서

순례자들의 안식처, 에르미타를 찾아서

스페인에서 만난 순결한 고독과 위로

글·사진 지은경 | 사진 세바스티안 슈티제

프롤로그

가난하지만 진정한 삶의 안식을 얻다

무덥던 여름이 지나고 어느새 깨질 듯 파란 하늘과 시원한 바람이 가을을 한 가득 채우고 있다. 매해 가을은 프루스트의 《잃어버린 시간을 찾아서》에 등장하는 마들렌과도 같다. 에르미타 여행을 위해 분주하게 준비하던 설레고도 바쁜 나날의 느낌이 선선한 바람과 함께 전해지면 에르미타 여행을 떠나려던 시간으로 돌아간 것 같은 착각을 불러일으키기 때문이다.

과거로 주인공을 돌려보내던 마들렌 조각은 내 일상 어디에나 산재해 있다. 이른 봄, 눈 속을 비집고 나오는 새싹들이 햇빛을 받아 눈과 함께 영롱한 빛을 발할 때 나는 스페인의 겨울을 생각한다. 세바스티안이 여행 내내 기다리던 회색빛의 먹구름 떼는 소나기가 막 쏟아지려는 찰나 혹은 먹구름이 밀려가는 찰나에 종종 마주칠 수 있다. 나는 이 풍경을 세바스티안과 함께 떠났던 에르미타 여행 이후 인식하게 되었다. 그 전에 내가 보았던 이 세상 모든 회색 구름들은 그저 다 같은 먹구름일 뿐이었다.

벨기에 브뤼셀의 자벤텀Zaventem 공항 주차장에 노란색 낡은 르노 승합차가 기다리고 있었다. 혹독한 겨울이 찾아온 스페인으로 우리를 데려가 긴 여행 동안 안식처가 되어줄, 세바스티안의 '에르미타 익스프레스'였다.

스페인 북부 피레네 산맥 사이사이에 숨겨진 에르미타를 찾아가는 길은 처음부터 녹록한 일이 아니었다. 승합차는 벨기에 남부를 지나 프랑스의 긴 대지를 달리고 달려 1박 2일 만에 스페인에 도착했다. 스페인에 들어서자 산과 들의 형세는 이미 건조하고도 광활한 모습으로 바뀌어 있었다. 남쪽이 조금은 더 따뜻할 것이라는 생각은 착각이었다. 프랑스와 스페인의 국경에 놓인 피레네 산맥이 차가운 공기를 남쪽 땅에 뿌리고 있었다.

세바스티안에게는 일곱 번째 스페인에서의 겨울. 그러나 내게는 모든 것이 처음이었다. 현실은 위험하고도 차가운 모습으로 나를 기다리고 있었다. 에르미타를 찾아다니는 여행은 험난했고 에르미타 앞에서 추위와 맞서며 하늘빛이 바뀌기를 기다리는 시간은 쓸쓸하고도 길었다. 날이 어두워지면 산속에서 안전한 둥지를 찾아 밤을 나야 했고 이른 아침 새벽 동이 트기 전 에르미타를 찍기 위해 부산하게 움직여야 했다.

여행이 점점 고달파지자 나는 스스로에게 이렇게 묻기 시작했다. 세바스티안은 사진 작업을 위해 이 기나긴 고생을 하고 있다지만 나는 도대체 여기서 무엇을 하고 있는 걸까? 또 애초에 무엇을 기대했던 걸까? 아무래도 대답을 찾을 수 없는 물음들이었다.

시간이 흐른 뒤에야 여행이 내게 많은 것들을 남겨주고 떠났다는 것을 깨달았다. 가난한 사진가의 여행을 쫓아다니는 동안 스페인의 거대한 자연을 만났다. 그 속에서 생명을 위협하는 아찔한 순간들을 만났다. 삶에 대해 생각했다. 사람들과 동물들을 만났다. 모든 만남 뒤에 오는 영원한 헤어짐을 겪었다. 이제는 오랜 시간 속에 묻혀 있던 에르미타들을 들추며 진정한 안식을 얻고 돌아왔다고 말할 수 있다.

이 책은 세상으로부터 믿음과 삶에 대해 다른 비전을 가졌던 수도자들과 은둔자들에 관한 이야기다. 그러나 종교에 관한 성지순례서도 아니며 수도자들의 훌륭한 믿음에 관한 찬양서는 더더욱 아니다. 이 책은 오래전에 살았던 가난한 사람들이 지어놓은 건축물과 그들을 촬영하려는 한 고집쟁이 사진작가의 기나긴 싸움에 관한 이야기다.

아무것도 없는 그 빈곤의 상태에서 나는 인간 본연의 모습에 가까이 다가갈 수 있었다. 하루를 살기 위해 매 순간들을 투철하게 맞이해야 하는 보잘것없는 인간의 삶을 보았다.

이후 나의 마음은 크나큰 휴식을 얻을 수 있었다. 독자들 역시 우리의 에르미타 여행을 통해 가난하지만 삶의 진정한 안식을 찾을 수 있기를 바라는 마음이다.

서울에서, 지은경

에르미타를 위한 일곱 번의 겨울, 그 마지막 이야기

스페인에 아버지의 집이 한 채 있다. 담장과 벽은 1미터 두께의 돌로 쌓여 있어서 무더운 한여름에도 집 안은 언제나 시원하다. 하지만 겨울에는 몹시 추워서 철 캐스트 스토브로 공간을 데워야 하는데, 집 안의 온기를 계속 유지하기 위해 숲에서 나무 땔감을 가지고 와야 한다. 이 집은 양을 제외하고는 오직 세 사람만이 삶을 영위하는, 산으로 둘러싸인 마을에 있다. 인터넷도 연결되어 있지 않다. 분주한 바르셀로나도, 늘 사람들로 번잡한 스페인의 해변도 아니다. 이곳은 그야말로 스페인 북부의 투박한 시골 마을인 것이다.

처음 이곳을 찾았을 때 나는 야생적인 이 영토와 단번에 사랑에 빠졌다. 그리고 그 땅이 낳은 특별한 문화유산에 깊게 매혹되었다. 그것은 스페인 북부 계곡과 산들 사이에 위치한 중세시대의 암자 '에르미타'이다. 에르미타가 위치한 장소들은 거대한 영토에 비해 희박한 인구밀도, 그리고 험난한 지형들로 인해 도시로부터 철저하게 고립되어 있었다.

오늘날 우리가 규정하고 있는 에르미타는 현대인들에 의해 이상화된 개념이다. 아직도 많은 사람들은 에르미타를 은둔자의 주거지로 생각하며 그곳에서 성자들과 수염으로 뒤덮인 남자들이 살았을 것이라고 상상한다.

나는 총 575채의 에르미타 사진을 찍었는데 그중 단 한 곳에만 은자가 살고 있었다. "I Love New York"이라는 문구가 적힌 꼬질꼬질한 티셔츠를 입은 젊은 친구였다. 그는 매우 겸손했고 얼굴에는, 아니나 다를까, 긴 수염이 덮여 있었다. 시간의 침식을 견뎌내는 것이 곧 정신적인 건설이라도 되는 양 그는 에르미타를 현대의 광기로부터 보호해주는 피난처 삼아 살아가고 있었다. 하기야 스마트폰의 배터리가 소진되면 철저히 고립되어버리는 이 시대에 세상과 아무런 접촉 없이 몇 년간 그곳에서 시간을 보낸다는 것은 실로 어마어마한 일일 것이다.

내게는 그것이 에르미타 촬영에 대한 아이디어의 출발점이었고 7년이라는 시간 동안 에르미타를 현대적으로 재해석하는 일에 큰 영감이 되어주었다. 그리고 나는 소비와 물질주의에 굶주린 현대 노예의 운명에 저항하는 조용한 혁명의 길을 걷게 되었다. 모든 현대 기술을 던져버리고 가장 원시적인 사진 장치인 핀홀 카메라Pinhole Camera(바늘구멍 사진기)를 선택했다. 핀홀 카메라는 에르미타가 가진 근원을 표현하고 시각적인 질감을 담아내기 위한 본질적인 도구였다. 오랜 시간 동안의 노출은 사진을 밝고 약간은 흐리게 만들어 몽환적인 느낌을 자아낸다. 그리고 주위를 왜곡시키는 효과를 내어 고립된 세계의 건축물이 가진 느낌을 잘 표현할 수 있게 해준다.

그러던 어느 날 동쪽에서 날아온 한 여자가 내 오디세이의 일곱 번째이자 마지막 겨울의 기록에 동참하겠다는 제안을 해왔다. 그녀는 나의 승합차 안에서 최소한의 안락함만 허락된 여행을 하며 나와 같은 경험을 하고 싶다고 했다. 나는 그녀의 제안을 받아들였다. 내가 선택했던 외로운 겨울은 그때 급작스러운 결말을 맞이했다. 내게는 이미 자연스러운 일상이었던 스페인의 혹독한 겨울을 그녀는 어렵게 견뎌냈다. 그녀가 바로 이 책의 저자 '지은경'이다. 그녀로 인해 여러분은 지금 이 책을 손에 들고 있다. 친애하는 독자 여러분. 그렇지 않았다면 나의 이 춥고 가난하며 쓸쓸한 겨울의 이야기는 세상에 나오지 못한 채 영영 묻혀버렸을 것이다.

벨기에 겐트에서, 세바스티안 슈티제 Sebastian Schutyser

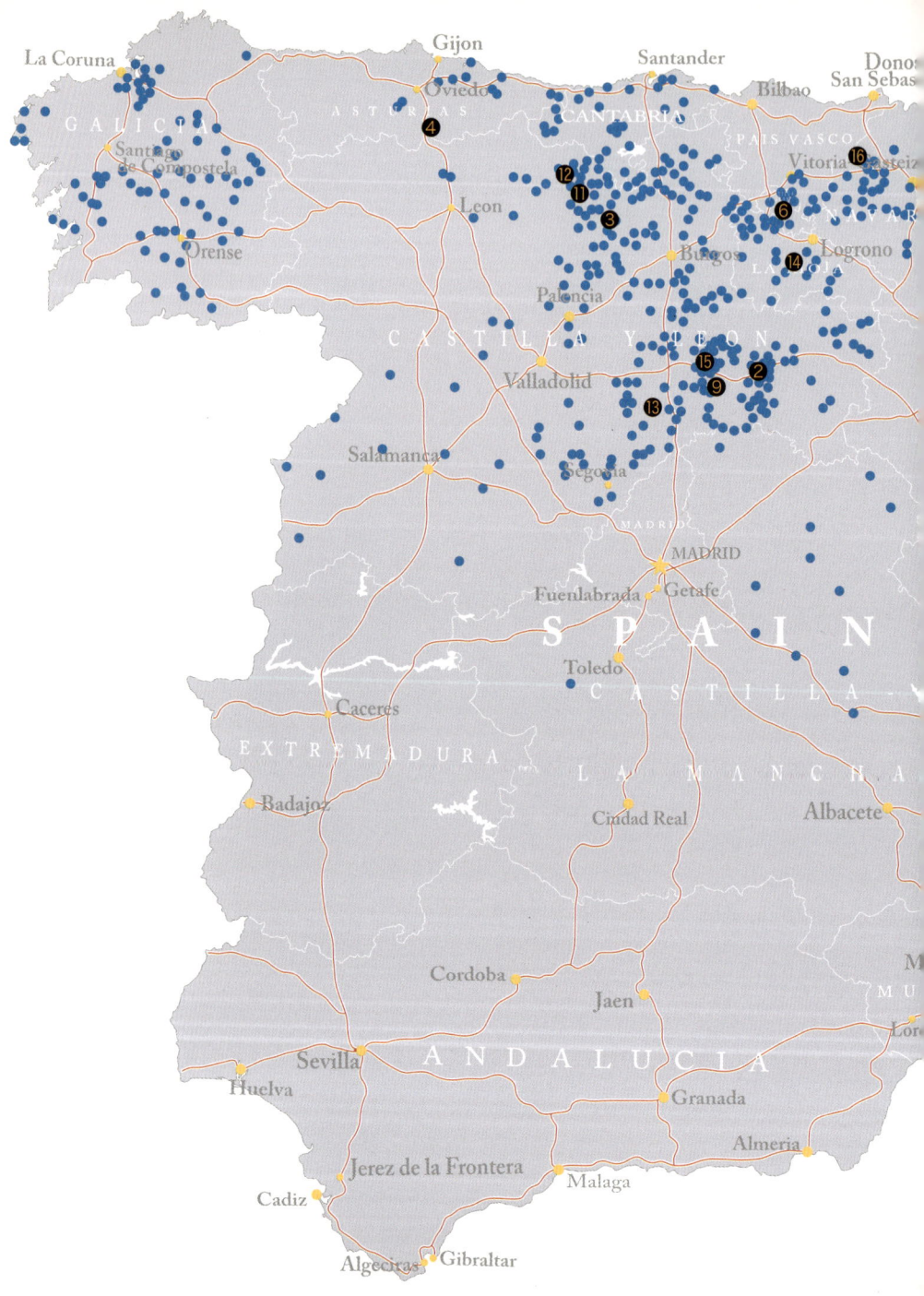

스페인 북부 피레네 산맥에 흩어져 있는 에르미타

지도 위의 작은 점들은 세바스티안 슈티제가 7년 동안 겨울마다 찾아다니며 핀홀 카메라로 찍은 에르미타의 위치를 표시한 것이다. 이 책에서 각 장의 첫머리에 소개한 에르미타의 위치는 원 안에 숫자를 넣어 구분했다.

❶ 누에스트라 세뇨라 데 로스 돌로레스 에르미타
❷ 산 후안 바우티스타 에르미타
❸ 비르젠 데 베르소자 에르미타
❹ 산타 크리스티나 데 레나 에르미타
❺ 에르미타 데 미랄펙스
❻ 누에스트라 세뇨라 델 그라나도 에르미타
❼ 마레 데 데우 데 라 페르투사 에르미타
❽ 비르젠 데 라 그라시아 에르미타
❾ 산 안드레 아포스톨 에르미타
❿ 마레 데 데우 데 라스 네우스 에르미타
⓫ 산타 세실리아 에르미타
⓬ 산 비센테 에르미타
⓭ 누에스트라 세뇨라 델 바리오 에르미타
⓮ 산 에스테반 에르미타
⓯ 라 이마쿨라다 콘셉시온 에르미타
⓰ 누에스트라 세뇨라 데 베라스테귀 에르미타

| 차 례 |

프롤로그　　　　　　　　　　　　　　005

I.
떠남으로
위안 받는
삶

#1 빈자의 교회를 위한 빈자의 카메라　021
#2 노마드의 사치　　　　　　　　　　035
#3 기다려야 하는 시간　　　　　　　　051
#4 길 위에서 만난 인연　　　　　　　　065

II.
어느 곳에도
속하지 않을
자유

#5 야심찬 수도자들　　　　　　　　　　083
#6 길은 또 다른 길로 이끄는 이정표　　095
#7 위대한 자연과 미천한 인간　　　　　109
#8 멀리서 바라보기　　　　　　　　　　123

III.
같은 시간을
함께한다는
것

#9 영원한 것은 없다는 영원한 진실   **139**
#10 옛이야기는 여전히 이곳에 남아   **151**
#11 하찮은 만남이란 없다   **163**
#12 죽은 자들의 도시   **177**

IV.
모든
순간은
유일하다

#13 사막에 내리는 눈   **191**
#14 만남 그리고 헤어짐   **213**
#15 변해간다는 것   **243**
#16 봄의 시작   **257**

떠남으로 위안받는 삶

I.

나는 자신에게 전혀 적합하지 않은 곳에서 태어난 사람도 있다고 생각한다. 우연한 기회에 여러 가지 상황에 처해 살고 있지만 그들은 한결같이 자신들도 모르는 머나먼 마음의 고향에 대한 향수를 느끼며 살아간다. 자기가 태어난 곳에서 그들은 오히려 나그네 같은 처지일 뿐이다. 그러므로 오래전부터 알던, 잎이 무성한 오솔길이나 어린 시절 뛰어놀던, 사람들로 붐비는 거리도 그들에게는 다만 한순간 스쳐 지나가는 옛 발자취에 지나지 않을 뿐이다. 친척들 사이에서 평생 타인으로 보내거나 그들이 지금까지 알아온 풍경들 속에서 외로운 마음으로 남아 있을 뿐이다. 사람들이 어떤 영원한 것을 찾아 멀리 떠나는 것은 바로 이 같은 낯설고 외로운 감정 때문일 것이다. 어떤 뿌리 깊은 격세유전적 본능이 그 방랑자적인 마음을 충동질하여, 아주 어렴풋한 먼 옛날에 그의 조상들이 떠났던 땅으로 되돌아가게 하는 것일지도 모른다.

- 《달과 6펜스The Moon and Six Pence》, 윌리엄 서머싯 몸William Somerset Maugham

❶ 몬플로리테Monflorite의 누에스트라 세뇨라 데 로스 돌로레스Nuestra Señora de los Dolores 에르미타
42°05.757' N / 00°22.030' W

왼쪽의 에르미타는 12세기 후반에 지어진 교회의 한 부분으로 '카베세라Cabecera'
혹은 '머리'라 불리는, 건축물의 한 부분이다. 다른 부분들은 모두 파괴되었고
오직 머리 부분의 한 면만 남아 있다. 이 사진을 잘 들여다보면
마치 핀홀 카메라처럼 빛이 정면 중앙의 작은 창을 관통하고 있는 것을 발견할 수 있다.

#1
빈자의 교회를 위한
빈자의 카메라

2007년.

"나의 '에르미타 익스프레스'를 소개할게."

그는 노란색 르노 승합차의 오른쪽 사이드미러를 가볍게 토닥거리며 말했다.

승합차의 조수석에 올라타자

약초를 연상시키는 냄새가 콧속으로 솔솔 흘러들어왔다.

룸미러에 걸려 있는 풀 한 더미가 발산하는 냄새였다.

매년 겨울, 에르미타 프로젝트를 위해 스페인에 방문할 때마다

숲 속에서 타임이나 로즈마리 같은 향기로운 풀들을 얻는다고 했다.

말린 풀 외에도 각종 물건들이 어수선하게 널려 있었지만

그들은 그 나름의 이유와 형태대로 정돈되어 있음을 알 수 있었다.

차 안은 온갖 고생을 겪은 이야기들의 흔적투성이였다.

그것이 전혀 고급스럽지 않은 그의 승합차와의 첫 만남이었다.

2010년 1월, 에르미타의 계절이 돌아왔다. 그는 매해 겨울이 마지막이기를 소망했지만 올해로 벌써 7년째 맞이하는 에르미타의 겨울이었다. 그가 왜 이 고생을 사서 하는지 처음에는 잘 이해가 되지 않았다.

화려하고 발랄한 파란 하늘은 에르미타를 위한 빛이 아니라고 했다. 그는 외롭고 쓸쓸한 작업을 더욱 심화시키기 위해 우울한 회색빛이 감도는 겨울날만을 골라 여행했고, 이 특별한 빛은 주변을 고요히 잠재우고 구름에 반사된 햇살을 받은 에르미타는 영롱하고 섬세하게 반짝거렸다.

고요한 빛을 부드럽게 묘사하는 핀홀 카메라Pinhole Camera는 가장 원시적인 사진기로 몽롱한 콘트라스트를 자아내지만 에르미타의 외로움이 가진 모든 디테일을 정성스럽게도 세세히 담아내는 재주를 지녔다. 나무 상자로 만들어진 원시적인 카메라는 빈자貧者의 교회를 위한 빈자의 카메라가 가진 의미를 전달하는 데 손색이 없다고 했다.

그윽한 햇빛이 바람에 실려 오면
세상은 몇 초간 혹은 몇 분간 그림자 없는 영롱함 그 자체가 된다는 것을
그가 알려주었다.
"이것이 바로 에르미타를 위한 빛이야."
그는 금세 떠나지 못해 어린아이처럼 발을 동동 굴렀다.

"에르미타"라는 단어는 라틴어에서 출발하는 거의 모든 언어에서 유사한 형태를 찾을 수 있는데 라틴어가 아닌 언어에서도 비슷한 의미를 발견할 수 있다.

'은둔지', '사람이 살지 않는 장소', '세상과 뚝 떨어진 집', '사막과 같이 황량함'이라는 외롭고도 쓸쓸한 인상의 의미를 간직한 곳, 종교 세력으로부터 자유롭고자 했던 신자들이나 세상을 등지고자 했던 사람들 혹은 여행자들이 바람과 추위를 피해 잠시 머물며 다음 여정을 마음에 새기던 곳을 일컫는 말이다.

로마네스크Romanesque 시대에는 라틴어에 배경을 둔 "에레무스Eremus"라는 단어가 있었고 그리스어에서도 비슷한 뜻의 "에레모스Eremos"라는 단어를 찾을 수 있다.

이 단어들은 히브리어의 "테만Teman"과 산스크리트어의 "아슈람Ashram"과도 관련이 있다고 여겨지며 이 모든 단어들이 '황량한', '사막화된', '퇴직한', '종교적인 참선의 장소' 등의 뜻을 내포하고 있다.

이 에르미타들은 보통 종교적인 목적으로 지어졌는데 그 외에도 종교와는 관계가 먼 여행자들에 의해 혹은 세상을 등지려는 사람들에 의해 세워진 에르미타도 찾을 수 있다.

세바스티안은 그동안 로마네스크와 그 이전의 건축 형태를 띤 에르미타만을 찾아 스페인 북부의 산맥들을 이리저리 횡단하고 넘나들었다. 초기 로마네스크 양식이라 불리는 건축물의 흔적들은 711년경까지 거슬러 올라가는데, 특히 8세기에서 11세기에 이르기까지 이슬람 세력의 영향을 받은 유럽 문화, 그중에서도 스페인에 남겨진 모자라빅Mozarabic 양식은 이슬람 문화와 공존하던 유럽 기독교 문화의 다른 형태를 보여준다.

이들의 문화와 건축물들은 소박하고 작은 규모로 탄생하여 스페인의 시골구석에서 버려지고 잊힌 채로 800년이 넘는 시간을 견뎌냈다. 이들은 도적들에 의해 혹은 무심한 사람들이 범하는 파손 행위에 의해 손상되고 허물어져가고 있다.

세바스티안은 이 소박한 건축물들을 자신의 거울삼아 찾아다니는 듯했다. 그는 이들을 '가난함을 상징하는 교회'로 이름 짓고, 감추어진 작은 진주들을 하나씩 찾아내듯 그 흔적을 따라 여행했다.

올 겨울은 외롭고 묵직한 사연을 지닌 이 건축물들을 찾아나서는 작업에 동참하는 특별한 시간이 될 것이다.

❷ 칼라타냐소르Calatanazor의 산 후안 바우티스타San Juan Bautista 에르미타
  41°42.038' N / 02°49.135' W

이 아름다운 폐허의 집은 함박눈이 내리는 동안 긴 노출로 촬영한 에르미타의 잔재이다.
종탑은 파괴되었고 이름 모를 식물들로 뒤덮여 있었다.

#2
노마드의
사치

"Le petite fille de la grande ville!(대도시의 작은 소녀!)"
수많은 하이힐이 방을 가득 메우고 있어도 등산화 한 켤레 가지고 있지 않은,
보이는 자연에만 감탄할 뿐 만지고 느끼는 자연에는 무지했던 나를 일컬어
그는 장난삼아 그렇게 부르곤 했다.
"우리가 묵을 호텔은 별 하나짜리도, 별 다섯 개짜리 호텔도 아니야.
밤하늘이 가득 채워지는 밀리언 스타 호텔이야."
바로 에르미타 익스프레스, 그의 노란 르노 승합차를 가리키는 말이었다.

화장실? 낮에는 여행 중 지나는 레스토랑이나 주유소, 카페, 밤에는 그야말로 별들이 우수수 쏟아져내릴 것 같은 밤하늘을 머리 위에 얹고 대자연을 눈앞에서 만끽하는 숲 속의 풀들 사이다.

샤워는 일주일에 두 번 정도. 지나치는 마을의 유스호스텔이나 화물차량 운전자를 위한 휴게소에 설치된 샤워 부스에서 졸졸 흐르는 따뜻한 물을 최대한 이용해야 한다. 자연은 수고한 자에게만 그 아름다운 자태를 조용히 드러낸다는 것을 이미 세바스티안과 함께 올랐던 한국의 한라산과 북한산의 정상에서 깨달은 터였다.

한눈에 모두 채울 수 없는 그 거대하고 아름다운 광경을 무엇으로 표현할 수 있을 것인가? 나는 과연 앞으로의 기나긴 여정을 잘 참아낼 수 있을 것인가? 4개월간의 수고스러운 여행 뒤에 자연은 내게 어떤 모습을 선사할 것인가? 가난한 사진작가와 함께하는 시간 속에서 무엇을 느끼게 될 것인가? 그리고 이 여행 뒤 나는 또 어떤 모습으로 성장할 것인가?

이 모든 물음들은 오직 여행의 끝 무렵이 되어야만 해답이라는 짝을 만날 수 있을 것이다.

한밤중에 그가 말했다.

"눈이 오고 있어. 눈은 소리를 내며 내리지는 않지만 주위의 모든 소음을 흡수하지."
유난히 고요했던 밤이 지나고 아침이 되어 창문을 열자 그의 말처럼 눈은 온 세상을 하얗게 덮어놓고 있었다. 앙상했던 나뭇가지들은 눈의 화려한 하얀색에 싸여 그 어느 때보다도 아름다운 모습이었다.
이 순간은 매우 이른 아침, 아무도 일어나지 않은 이른 시각에 처음 홀로 움직이는 자의 외로움을 달래는 사치품 같았다. 가장 사치스러운 것은 가장 아름다우면서도 가장 짧은 시간을 극도로 빛나게 해주는 그 무엇, 바로 자연인 것이다.
다행히도 그 최상의 사치품은 가난한 자이건 가진 자이건 간에 수고하는 자에게 똑같이 부여되는 기쁨이다. 그리고 길을 벗 삼아 집 삼아 떠나는 일을 삶으로 하는 노마드는 자연이 주는 그 호사스러움에 대해 매우 잘 알고 있다.

온통 하얀 세상에 처음으로 발을 디디며 우리는 에르미타 익스프레스에 올랐다. 스페인의 신비로운 지형, 눈 덮인 시골길을 두꺼운 눈 이불을 들쓴 노란색 승합차가 묵직한 엔진 소리를 내며 굽이굽이 기어가고 있었다.

두 시간쯤 뒤에 도착한 마을은 소리아Soria의 비얄바로Villalvaro였다. 그곳의 비르젠 데 라스 라구나스Virgen de las Lagunas 에르미타는 이 고장의 붉은 흙으로 지어진 특별한 건축물이었다. 흙은 장식적인 부분을 소박하게 담아내는 로마네스크 양식과 잘 어울리는 재료 중 하나다.

세바스티안은 이곳에 네 번이나 사진을 찍으러 왔다고 했다. 한 번은 빛이 너무 밝은 이유로, 또 한 번은 붉은 땅 위에 푸르게 돋아난 풀들 때문에 계속 촬영에 실패하고 말았다는 것이다. 작년 겨울에는 빛도 알맞았고 풀들도 아직 돋아나지 않아 붉은 땅의 황량함을 그대로 간직하고 있는 이상적인 조건이었다. 그러나 사진 속의 구도가 문제였다.

마을로 들어서며 그가 말했다.

"올해에는 꼭 성공을 해야 할 텐데 말이지……."

잔뜩 상기된 그의 얼굴에는 긴장감과 기대감이 마블링처럼 얽혀 있었다.

하늘은 짙은 회색빛이었고 붉은 흙과 풀이 돋은 땅도 눈에 덮여 있어 그럭저럭 잘 어울렸다. 마을의 좁은 길을 지나 언덕을 돌자 멀리 에르미타의 모습이 눈에 들어왔다. 그는 속력을 내기 시작했다. 에르미타의 모습이 50미터 앞으로 다가왔다.

이번에는 찍을 수 있을까?
눈앞에 펼쳐진 늙은 에르미타는 아름다웠다. 그러나 갈라지고 상한 곳을 수리하고 있는 터라 이번 역시 사진 촬영은 불가능한 듯했다.
교정 틀을 끼고 비웃는 듯한 에르미타 앞을 세바스티안은 쉽게 떠나지 못했다. 그는 몇 번이나 그 주위를 빙빙 돌며 허탈한 웃음을 쏟아냈다.

햇살은 시간을 길게 늘어뜨리듯 지루하게 땅 위를 비추었다.

자칫 그 지루함에 빠지면 나태한 오후를 보내기 십상이다.

누구 하나 재촉하는 이 없는 숲 속,

지치고 용기 잃은 마음으로 잠을 자려 하면 하루 종일이라도 잘 수 있을 것 같았다.

그러나 하늘이 어떤 빛을 비추든, 구름이 어떤 모양으로

에르미타를 덮어주든 에르미타 익스프레스는 오늘도 긴 여정을 향해 발을 내디딘다.

이미 그렇게 정해져 있기 때문이다.

2010년 에르미타 여행의 첫날은 아무런 수확도 없이 저물었다. 세바스티안은 삼각대와 카메라 가방, 사다리, 옷 가방 등으로 가득 찬 승합차를 정돈하기 시작했다.

한쪽 벽에서 침대가 내려오고 다른 쪽 벽을 열자 작은 부엌이 만들어졌다. 여행을 떠나기 전 올리브오일에 담가둔 구운 채소와 바게트 그리고 크리스털 유리잔에 따른 포도주가 그날의 저녁 메뉴였다.

모든 것이 최소한의 부피로 최대한의 실용성을 갖추어야 하는 것들뿐이었다. 그것이 떠나는 노마드가 지녀야 할 첫 번째 덕목이었다. 세바스티안은 포도주 잔을 치켜들며 이렇게 말했다.

"바로 이것이 노마드가 누리는 최소한의 사치야. 가진 것 없는 유목민일지라도 가끔은 이런 작은 사치가 마음을 풍성하게 해주지."

유난히 크게 울리는 바람 소리가 가끔씩 승합차를 툭툭 치고 지나갔다. 빈털터리의 마음으로 가장 작은 공간 안에서 여유로운 크리스털 잔 속 포도주에 취하는, 기분 좋은 밤이었다.

❸ 팔라주엘로스 데 비야디에고Palazuelos de Villadiego의 비르젠 데 베르소자Virgen de Berzosa 에르미타
42°35,699′N / 04°04,800′W

부르고스Burgos 지방의 시골 마을에 위치한 이 작은 예배당은 11세기 혹은 12세기의 건축물이다. 초원으로 둘러싸여 있으며 거대하게 펼쳐진 대지 위에 작은 점과도 같이 서 있다.

#3
기다려야 하는 시간

우리가 찾은 곳은 스페인 북부에 위치한 사사몬Sasamón 마을이었다.
세바스티안은 올해로 4년째 이곳을 찾는다고 했다.
바로 아르코 데 산 미구엘Arco de San Miguel을 찍기 위해서였다.
매해 이곳을 찾고 또 기다렸지만
원망스럽게도 하늘은 늘 영롱한 파란색을 뿜어내고 있었다.
그것은 하늘과 사진사 중 누가 더 질긴지를 겨루는 시합 같기도 했다.
이번에도 역시 우리는 푸른 하늘 밑을 달리고 달려 에르미타에 도착했다.

아르코 드 산 미구엘이라 불리는 사사몬의 에르미타는 로마네스크 양식과 아랍 양식이 조화롭게 섞인 건축물이었다. 현재는 아치만 고스란히 남고 다른 부분은 모두 사라져 더욱 신비로운 느낌을 자아내고 있는데 마치 아치를 통해 다른 세상으로 넘어갈 수 있을 것만 같았다.

세바스티안은 아치 주위를 오래 서성였다.

시간이 얼마나 흘렀을까? 두툼한 눈을 밟고 있는 발에 한기가 스며들기 시작했다. 우리는 추위 속에서 초조하게 떨며 하늘이 잿빛 구름으로 가려지기를 기다리는 대신 눈으로 덮인 하얀 마을을 산책하기로 했다. 화려한 유적이라고는 찾을 수 없을 정도로 마을은 단조로웠다. 중세시대에 로마네스크 양식으로 지어진 소박한 돌다리와 공동묘지, 시냇가의 갈대 들이 마을을 꾸미는 장식의 전부였다.

로마네스크 양식의 건축물은 고딕 양식에 비해 소박하고 무거운 감이 있다. 고딕의 높은 천장도, 밝은 빛을 비추는 창문도 로마네스크 양식에서는 찾아볼 수 없다. 게다가 오랜 시간 아랍인들의 지배를 받은 탓에 로마네스크의 기독교 건축 양식은 모자라빅이라는 독특하고 아이러니한 형태를 가끔 보여주기도 한다.

기독교와 이슬람교의 혼합이라……. 깊이 따지고 들자면 종교 분쟁이건 정치적 싸움이건 간에 그 시작은 매우 우스꽝스럽고 하찮은 것이지만, 바로 그들을 통해 인류가 발전하고 전쟁하며 지금껏 지탱해온 것인지 모른다. 인류, 호모사피엔스, 지혜로운 동물, 바로 우리가.

쉽게 추위가 찾아드는 지형 때문에, 마을의 집들은 모두 저마다의 작은 포도주 창고를 하나씩 옆에 끼고 있었다. 스페인 사람들은 이를 보데가Bodegas, 즉 동굴이라 부른다. 보데가의 문을 열면 바로 지하로 내려가는 계단이 나온다. 그 계단을 발로 더듬으며 조심스럽게, 그리고 하염없이 내려가다보면 캄캄한 지하세계에 어느덧 도달할 수 있다. 이 으슥한 지하의 온도는 사계절 언제나 동일해서 추운 날씨에도 포도주나 곡식들을 오래 저장하기에 안성맞춤이다.
흔히 보는 와인셀러처럼 세련되고 화려한 것은 아니지만 어쩐지 더 진정성이 느껴졌다. 억지로 꾸미려 하지 않아도 멋스럽고 자연스럽게 삶에 흘러든 것 같아 보기 좋았다.

눈으로 덮인 사사몬 마을은 세상에 하나밖에 없을 것 같은 동화 속의 장면들을 연상시켰다. 얼어버린 버드나무들은 요정들이 조각해놓은 크리스털 나무로, 보잘것없는 집들과 마을의 온갖 상점들은 요정들이 사는 작고 하얀 궁전으로 새롭게 태어났다. 시냇가에서 하얗게 얼어버린 갈대들이 작은 물살에 흔들려 서로 부딪히며 투명하고 차가운 얼음 소리를 잔잔하게 내고 있었다.

다시 에르미타로 돌아왔을 때 회색을 띤 구름 하나가 아치 뒤에 걸려 있었다. 우리는 바람이 부는 방향을 통해, 햇빛이 비치는 양에 따라 그리고 시간의 흐름에 따라 하늘의 다음 모습을 점쳤다.

그러나 가장 강한 존재는 하늘 밑에 움츠리고 있는 우리가 아니라 언제나 변덕을 부릴 수 있는 하늘이었다. 구름이 아치 끝에 걸려 있다면 떼구름이 몰려와 아치를 감쌀 거라는 희망을 가질 수 있지만 장담할 수는 없는 일이었다. 구름이 하나둘 끼기 시작해도 쌀쌀맞은 바람 한 줄기가 흔적을 만들거나 모두 쓸어가버릴 수 있기 때문이었다.

우리는 기도하는 마음으로 오랫동안 아치 뒤의 하늘을 뚫어져라 응시했다. 하늘의 구름들이 아치 뒤로 아주 느리게 모이기 시작했다. 더 늦기 전에 사진을 찍어야 했다. 날이 너무 어두워지면 기다림은 모두 허사로 돌아가버릴 것이었다.

그때였다. 누군가 저 위에서 마법을 부린 듯 하늘에 떠 있던 모든 구름이 에르미타의 아치 뒤로 모두 모였다. 마치 기도가 이루어진 것 같은 이 느낌을 어떻게 표현할 수 있을까? 에르미타를 지었던 이름 없는 수도자가 우리를 도운 것이었을까? 아니면 신이 친절한 바람을 보내준 것이었을까?

세바스티안은 감격한 듯 황홀한 표정을 지으며 핀홀 카메라를 가방에서 꺼냈다. 구름에 가려진 늦은 오후의 태양이 부드럽게 감싸 안아 생긴 에르미타의 금빛 색조는 배경에 깔린 청회색의 구름들과 아름다운 콘트라스트를 이루고 있었다.

사진사 세바스티안은 카메라를 치켜들고 사다리 위에 올랐다. 이 아름다운 풍경이 그가 꿈꾸는 대로 종이 위에 반영될지는, 귀향하는 4월이 오기 전까지는 알 수 없다. 역시 기다림의 연속인 것이다. 그 시간 동안 우리가 할 수 있는 일은 그저 꿈꾸는 것뿐이다.

인생은 기다림의 연속이다.
기다림의 끝이 어디로 닿게 될지 우리는 절대 알 수가 없다.
그러나 그 시간 동안 수많은 꿈을 꿀 수는 있다.
어떤 이는 부자가 되기를 꿈꾸고 어떤 이는 성공을 꿈꾼다.
어떤 이들은 긴 여행을 떠나기를 꿈꾸며
또 어떤 이들은 자신을 행복하게 해줄 만남을 꿈꾼다.
에르미타 여행에서도 기다림은 가장 긴 시간을 차지했다.
많은 이야깃거리를 담고 있으며 또 많은 절망들을 알게 해주었다.

❹ 산 로렌조 데 펠구에라스San Lorenzo de Felgueras의 산타 크리스티나 데 레나Santa Cristina de Lena 에르미타
43°07,656' N / 05°48,909' W

9세기 아스투리아스의 프레 로마네스크 양식으로 지은
이 에르미타는 당시 공회당으로 쓰였는데, 현재 유네스코 세계문화유산으로 지정되었다.
같은 시기의 건축물 중에서도 매우 독특한 모습을 하고 있으며,
옛 로마인들이 만들어놓은 길 옆에 위치해 있다.
구름 사이로 한 줄기 빛이 새어 나와 성역을 밝히는 장면을 촬영하기 위해 하루 온종일을 기다렸다.

#4
길 위에서 만난
인연

벌써 며칠째인지, 계속해서 파란 하늘이 세바스티안을 당혹스럽게 했다.
햇살 가득 쨍한 하늘이 그를 당분간 실업자로 놓아둘 생각인가보았다.
파란 하늘도 충분히 드라마틱한 풍경을 자아낼 수 있지 않겠느냐는 내 말에
세바스티안은 흥분한 어조로 이렇게 말했다.
"하늘은 내 사진 속에서 에르미타의 감정을 실어줄 수 있는 유일한 존재야.
세상과 뚝 떨어져 살고자 했던 당시 에르미타 사람들의 감정이
푸른 하늘처럼 화려했을 거라고 생각해?
작고 초라한 에르미타 안에서 느꼈을 그들의 외로움은
밝고 파란 하늘에서는 묻어나지 않아."
아티스트란 외로움을 즐기는 강인한 존재이지만
동시에 매우 어린아이 같고 조바심 많으며 쉽게 좌절하는 병약한 존재이기도 했다.
나흘째 화창한 태양이 그의 얼굴에 깊은 그늘을 드리웠다.

카탈로니아Catalonia 지방의 구름들은 모두 산 위에 머물고 있었다. 우리는 산속으로 방향을 틀었다. 50여 킬로미터를 달린 끝에 피레네 산맥 어디쯤엔가 도착했다. 더 이상 좁은 산길을 차로 오를 수가 없어서 우리는 장비를 들고 차에서 내렸다.

에르미타의 모습은 보이지 않았다. 표지판도 얼마나 더 가야 할지 이야기해주지 않았다. 무거운 장비를 들고 좁은 산길을 걷기란 결코 쉬운 일이 아니었다. 산 위에 걸린 구름이 언제까지 그렇게 머물러줄지도 알 수 없는 노릇이었다.

한 시간가량 걸어 산에 오르자 춥고 외로운 에르미타가 모습을 드러냈다. 그러나 산 위를 가리던 구름은 프랑스를 향해 북쪽으로 이미 넘어가버린 후였다. 한참을 기다렸지만 하늘은 그렇게 푸름을 과시하며 저물고 말았다. 아무런 수확도 없이 돌아 내려오는 길은 더욱 삭막하고 거칠었다.

에르미타 익스프레스에 도착해 서둘러 저녁을 준비했다. 우리는 아무 말도 하지 않았다. 조용한 산속의 밤을 보내기 위해 또다시 잠을 청해야만 했다.

캄캄한 밤, 고요한 어둠 속에서 우리의 잠을 깨운 것은 쿵쿵대는 낯선 소리였다. 나는 에르미타 익스프레스의 커튼을 슬며시 젖히고 밖을 응시했다. 어둠 속으로 승합차 주변을 둘러싸고 땅을 파헤치는 대여섯 마리의 멧돼지들이 보였다. 한참 동안 에르미타 익스프레스는 낯설고 광기 어린 소음에 둘러싸여 있었다. 나는 어느새 잠이 들었다.

다시 깨어났을 때 주변은 조용했다. 아침이 밝았다. 하늘은 여전히 파란 광선을 거세게 땅 위에 내리꽂고 있었다. 발길을 돌리는 수밖에 없었다.

산을 내려와 마을에 도착하자 사냥꾼에 의해 사살된 멧돼지 몇 마리를 만날 수 있었다. 간밤에 신나게 땅을 파헤치던 그 멧돼지였는지도 몰랐다.

여행에서는 많은 만남이 이루어진다. 기분 좋은 만남이 있고 그렇지 않은 만남이 있다. 스페인의 여행길은 많은 동물 친구들로 가득했다.

한 번은 눈 위에서 두 눈을 동그랗게 뜨고 얼어 죽은 고양이를 만났고 사진을 찍는 동안 호기심으로 찾아오는 동네의 양치기 개들과 사냥꾼의 개들도 종종 만났다. 하늘 위를 나는 매를 만나는 일은 매우 흔했다. 숲에서 식사를 하다 가슴께가 노란 작은 새 로빈을 만나기도 했다.

에르미타 여행 7년째인 세바스티안은 그동안 우리가 마주치는 동물의 이름을 모두 알고 있는 듯했다.

숲을 산책하는 사슴을 만나면 왠지 모르게 행운이 따를 것만 같았다.
안개에 휩싸인 길을 떠돌다 눈앞에 움직이는 존재가 느껴져 조용히 동작을 멈추면
마법처럼 걷히는 안개 속에서 의연한 자태의 말들이 풀을 뜯고 있는 모습도 감상할 수 있었다.
에르미타 곁에 묻힌 유골을 만나는 일도 있었다.
그러나 그들은 더 이상 두려움의 존재가 아닌
외로운 여행에서 만나는 먼 인생의 선배라고 했다.

또 한 번의 산길을 꼬불꼬불 달렸다. 산 중턱 작은 마을 입구에 젖소 한 마리가 발이 묶인 채 죽어 있었다. 알 수 없는 수많은 사연들. 죽은 소를 뒤로하고 산의 정상에 오르자 누렁소 한 마리가 갑자기 주저앉는 모습이 시야에 들어왔다. 새끼를 낳고 있는 암소였다. 소 한 마리가 떠나고 다른 소 한 마리가 세상에 나온 것이다.
세바스티안은 이들을 모두 에르미타 여행의 길동무라 불렀다. 무료한 여행에 이야깃거리를 제공해주기 때문이었다. 에르미타 사진을 찍지는 못했지만 그 사이사이에 존재하는 무수한 인연을 만났다. 그 만남들이 무엇을 의미하는지 당시에는 잘 알지 못했다. 이야기는 시간이 흐른 후에야 완성되기 마련이니까. 그 많은 이야기들이 의미 없이 흐르는 시간이란 없음을 뒤늦게 깨닫게 해주곤 했다.

다시 에르미타 익스프레스의 하루가 저물었다.
"제발 내일은 눈이 내렸으면 좋겠어. 하얀 눈과 인디고 블루의 하늘이 대조를 이루면 그 사이에 에르미타를 찍어 주머니 속에 챙겨 가는 거지."
아련하고 속절없는 바람이지만 정말 그랬으면 좋겠다고 생각했다.

날이 밝았다. 커튼을 열고 밖을 보니 산속은 온통 하얀색으로 가득했다. 계속 눈이 내렸다. 며칠 동안의 밝은 날씨를 보상이라도 하듯 날은 온통 찌푸려 있다. 세바스티안이 승합차의 문을 열어젖혔다.

"쉿!"

세바스티안이 손을 들어 나를 막았다. 그의 시선을 따라 고개를 돌리다 그만 우뚝 멈추었다. 문 앞에 늑대 한 마리가 우리를 바라보며 서 있는 것이 아닌가!

순간 시간이 멈춘 듯 온 세상이 조용해졌다. 우리는 매우 오랜 시간 동안 꼼짝 않고 늑대와 눈을 맞추었다. 늑대는 숲을 향해 뛰었다. 그리고 몇 걸음, 다시 뒤를 돌아보았다. 이내 늑대는 숲 속으로 사라졌다.

한순간이었지만 영원히 기억에 남을 것이다. 세바스티안은 눈 위를 조용히 밟으며 에르미타로 향했다. 늑대가 어디에선가 그를 관찰하고 있을지도 모른다고 생각했다.

어느 곳에도 속하지 않을 자유

II.

자신의 고향을 아름답다고 생각하는 사람은 아직 미숙한 초보자이다.
모든 땅을 자신의 고향으로 생각하는 사람은 이미 강한 자이다.
그러나 전 세계를 타향으로 볼 수 있는 사람은 완벽한 자이다.

미숙한 영혼의 소유자는 자신의 사랑을 세계 속 특정한 하나의 장소에 고정시킨다.
강인한 자는 그의 사랑을 모든 장소에 미치고자 한다.
완벽한 자는 그 자신의 장소를 없애버린다.

- 《디다스칼리콘Didascalicon》, 위그 드 생 빅토르Hugues de Saint Victor

⑤ 카펠라Capella의 에르미타 데 미랄페익스Ermita de Miralpeix
42°12,092' N / 00°25,639' E

12세기에 지어진 이 에르미타는 온통 아이비 나무로 뒤덮여 있다.
이것이야말로 자연과 문화가 조화를 이룬 진정한 작품인 듯하다.

#5
야심찬
수도자들

우연한 기회에 수도자들을 만나면 나는 그들을 꼼꼼하게 관찰하곤 한다.
왜 그들은 고생스러운 수도자의 길을 택해야만 했을까?
어쩌면 그들에게는 그것이 고행이 아닐는지도 모른다.
어쩌면 그들은
세상 사람들이 짊어지고 가는 삶의 무게로부터 자유로울지도 모르고,
우리가 모르는 차원 높은 쾌락과 즐거움을 만끽하고 있을지도 모른다.
일반 사람들이 내는 욕심이나 과시욕, 허영이
그들에게는 그저 차원 낮은 아둔함으로 보일 수도 있을 것이다.
그들은 몽상가이거나 망상중 환자였을 수도 있다.
기록에 남아 있지 않은 수도자들의 삶은 여전히 미스터리로 남아
내 호기심을 자극했다.

나는 곧 에르미타를 지었던 수도자들을 막대한 야심을 품었던 자들이라고 여기기 시작했다. 세상 밖으로 향하고자 했던 그들의 마음, 홀로 사색을 즐기고자 했던 철학자들의 본성을 욕심 없다 말하기에 그들이 지어놓은 에르미타는 너무도 야심찬 것이었다.

드라마틱한 하늘과 구름이 손에 잡힐 듯한 절벽 위의 작은 에르미타, 깊은 산속 동굴을 파헤쳐가며 지은 에르미타, 강물을 관조하는 계곡의 에르미타 등 수많은 에르미타들이 아찔한 절경을 바탕으로 놓여 있었다.

지금도 그곳으로 향하는 길은 수월치 않고 예상치 못한 위험이 도사리고 있는데 하물며 자동차조차 없었던 중세시대의 길은 오죽했을까? 더구나 그들은 그 험하고 먼 길을 통해 돌을 나르고 집을 지어 지붕을 얹고 로마네스크풍의 조각까지 소박하게 새겨 넣었다.

"그때의 사람들은 급할 것이 없었겠지. 이 시대의 신속함이란 당시 그들에게는 유토피아의 경지였거나 아니면 상상조차 못한 일일지도 몰라. 어쩌면 지금 우리가 대수롭지 않게 생각하는 약간의 불편함을 먼 미래의 사람들은 '어떻게 그걸 견딜 수 있었을까?' 하고 의아해할지도 모르지. 에르미타를 지은 중세 사람들에게 그것은 삶의 방식이자 문명이었을 거야."

하지만 그들에게도 에르미타를 짓고 또 찾아가는 일은 고역 중의 고역이었을 것이라는 생각을 나는 지울 수가 없었다. 그 고역을 견뎌가며 이 아찔한 절경을 향해 자재를 운반했을 일을 생각하니 상당한 야심을 가지지 않고서는 할 수 없는 일이라고 여기게 되었다. 그러나 그 야심은 세상을 향한 것이 아닌 자기 자신을 향한 것이었다.

그들은 자신의 고행으로 인해 성취감을 얻었을 것이며 아무도 알아주는 이가 없어도 스스로 행복했을 것이다. 그들에게는 무한한 자유와 아무도 갖지 않은, 삶에 대한 특별한 비전이 있었다. 그리고 아름다운 자연을 독점하고자 했던 야심의 흔적은 지금까지도 고스란히 남아 있다.

그들의 건축에는 한 가지 공통점이 있었다. 에르미타는 그 지방의 흙과 돌로 지어져 경관을 해치는 일 없이 매우 자연스럽게 주변의 풍경에 스며들어 있다는 것이다. 빨간 흙이 많은 산속의 에르미타는 빨간 흙으로, 검은 돌이 많은 산속의 에르미타는 검은 돌로 지어졌다.

거대한 계곡과 절벽 위에 보일 듯 말 듯 지어진 작고 초라한 에르미타의 모습이 아주 매력적으로 보였다. 가장 좋은 디자인은 눈에 띄지 않는 것이라는 한 광고 카피가 떠올랐다.

자연을 향해 야심을 부려가며 에르미타를 지었던 수도자들은
자연이 얼마나 귀중하고 위대한 존재였는지를 이미 알고 있었을 것이다.
세상 모든 것을 포기해도 자연만큼은
그들이 포기할 수 없는 단 하나의 호사였을 것이다.

소크라테스 시대의 문헌과 그림을 보면 지금 우리가 사용하는 자동차와 인터넷, 전화기, 항공기 그리고 우주선 등 현대의 테크놀로지를 매우 근접하게 묘사하고 있음을 알 수 있다. 그들은 그것들을 가리켜 유토피아라고 불렀다. 바로 지금 우리가 살고 있는 시대이다. 이 시대가 그들에게는 유토피아였다.

그런데 지금 우리는 어떠한 유토피아를 꿈꾸고 있는가? 우리 마음속에 유토피아를 간직하고 있기는 한가? 의문이 떠나지 않았다.

지금 우리 세대는 또다시 자연으로 귀속하며 자연과의 화해를 시도하고 있다. 어쩌면 우리는 정신적인 유토피아로 다시 먼 과거를 떠올리고 있는지도 모르겠다. 자연을 향해 경배하고 자연의 품속에 완전히 파묻히려 했던 에르미타의 야심찬 수도자들처럼 말이다. 그러기 위해서는 한없이 부당해 보일 때도 있는 자연의 섭리를 마음 깊이 이해하려는 시도가 꼭 필요할 것이다.

⑥ 알바이나Albaina의 누에스트라 세뇨라 델 그라나도Nuestra Señora del Granado 에르미타

42˚40¸646' N / 02˚38¸485' W

중세시대에 이 지역은 사람들로 북적거리던 곳이었으나
지금은 모두 사라지고 이 에르미타만 홀로 남아 있다.
전설에 따르면 이곳에 아직도 금으로 만든 보물들이 숨겨져 있다고 하는데,
내 생각에 이곳의 진정한 보물은 13세기에 지어진 이 에르미타인 것 같다.

#6
길은
또 다른 길로 이끄는 이정표

여행자에게 세상은 온통 모험의 장소이자 깨달음의 천국이다.
그 모든 것을 그들은 길에서 찾았다.
길을 걷는다.
끝없이 뻗은 길을 걸으며 무수한 만남을 갖는다.
나무 밑에 우수수 떨어진 솔방울들이 여행자의 외로움을 달랜다.
높은 산 위에 홀로 핀 작은 들꽃은
피곤함을 금세 기쁨으로 탈바꿈시키는 마법을 가지고 있다.
하염없이 길을 걷는다.
그제야 나타나는 커다란 덩치의 바위와 산들
그리고 산꼭대기 위에 버티고 있는 에르미타.
인생이라는 길은 실로 많은 이야기들을 가슴에 새겨준다.

"사진 작업을 위해 말리에 갔을 때였어. 자전거로 말리를 횡단하고 또 길이 안 보일 때는 돛단배로 강을 건넜지. 한 번은 니아푼케Niafunké의 숲지기와 이야기를 하다가 사라페레Saraferé에서 다시 만나자고 약속을 했어.

사라페레로 가기 위해서는 니제르Niger 강을 건너 티앙가라Tiangara 벌판을 지나야 했는데, 그때 나는 이미 몸과 마음이 매우 지친 상태였어. 말리에서의 사진 작업을 접고 벨기에로 돌아가고 싶은 마음이 굴뚝같았지. 그때 그 숲지기가 말하더군. 이제 와서 포기하는 건 너무 어리석다고. 내 앞에 놓인 길은 그리 험하지 않을 거라며 용기를 주었어.

나는 그 말을 믿고 니제르 강을 지나 티앙가라 벌판에 도착했어. 험하지 않을 거라는 그의 말은 모두 거짓이었지. 도저히 자전거로는 건널 수 없는 진흙 밭이었거든. 자전거 바퀴는 진흙투성이가 되어 더 이상 전진하지 못했어. 이내 바퀴는 망가질 대로 망가졌고 나는 그 벌판에서 다섯 시간이나 고군분투했지. 그러다 한 마을에 도착했어. 자전거 바퀴에는 온통 구멍이 펑펑 나 있었지. 정확히 53개의 구멍이. 용기를 잃지 않을 수 없는 상황이었어.

마을 어귀에서 만난 한 남자아이에게 마을로 인도해달라고 부탁했는데, 겁을 먹은 건지 마을과는 뚝 떨어진 마구간 같은 곳으로 안내해주더라고. 처음 보는 백인을 마을로 인도하기가 겁이 났던 모양이야. 하지만 나는 끝까지 아이를 따라갔지. 몹시 배고프고 지쳐 있었던 데다 가진 것이 아무것도 없었거든.

마을 사람들은 의외로 나를 매우 따뜻하게 맞아주었지. 그리고 그들이 먹는 음식을 내게 대접해주었어. 쌀과 냄새 나는 생선, 자갈 범벅인 죽. 내 생애에 맛본 최악의 식사였어. 도저히 먹을 수가 없었지. 그러다 마을 사람들이 우유 한 바가지를 더 건네주었는데 그 우유는 어찌나 맛있던지. 그 맛은 도저히 잊을 수 없을 거야.

나는 그 사람들에게 내 지갑 속에 있던 사진을 보여주었어. 사진을 한 번도 본 적이 없는 사람들이어서 내 사진을 보기 위해 온 동네 사람들이 다 몰려들었지. 사진을 조심스럽게 쓰다듬어보는 사람도 있었어. 곧 지친 마음에 평온이 찾아오더군. 그리고 나는 다음 날 아침 여정을 계속 이어갈 수 있었어.

사라페레에 도착해서 그 숲지기를 다시 만났어. 나는 그에게 따졌지. 왜 길이 험하지 않을 거라고 거짓말했냐고 물었더니 그가 대답했어. '만약 내가 길이 험하다고 진실을 말해주었더라면 너는 너의 길을 포기했을 거야. 그러나 지금의 너를 봐. 힘들었지만, 좋지 않아?' 나는 그의 말을 인정할 수밖에 없었어."

우리는 높은 산꼭대기에 에르미타 익스프레스를 정차시키고 저녁을 먹었다. 그리고 다음 날, 따스한 아침 햇살에 눈을 떴다. 구름은 산봉우리들마다 걸려 있었다. 승합차 안의 이불과 수건들을 햇볕에 말리며 나른한 아침을 보냈다.

다음 여정은 산 살바도르 델 코르브Sant Salvador del Corb 에르미타. 거대한 바위산, 여차하면 미끄러질 것 같은 절벽도 건너야 했다. 아찔한 순간들의 연속이었지만 눈앞에 보이는 산과 그 산을 비추는 햇살이 가슴을 벅차게 했다.

얼마나 올랐을까? 극적인 형태의 산들이 계속 이어지는 가운데 산길은 계속 다른 산길로 이어지고 높이 오르면 오를수록 산의 정상은 까마득하니 보이지 않았다. 자갈 언덕에서 미끄러지고 아슬아슬한 고개를 연달아 오르며 나는 다시 내려갈 길을 생각했다. 문득 암담해졌다.

여러 개의 봉우리를 지나자 마침내 절벽에 반쯤 무너진 채 홀로 놓여 있는 에르미타가 드러났다. 이 작은 에르미타는 좁은 봉우리 꼭대기를 모두 차지하고 있었다. 진입로 또한 좁은 절벽과 마주하고 있었다.

이곳에 머물렀던 수도자들은 도대체 무슨 생각을 했을까?! 이런 위험한 곳에서 몸을 사려가며 수도의 길을 걸었을 그들을 생각하니 가슴이 울렁거렸다. 그들도 이 미끄러질 듯한 자갈 절벽에 아스라이 핀 들꽃을 바라보며 기뻐했을까?

에르미타 여정은 끝없는 길과의 마주침이다.
영원히 펼쳐질 것만 같은 숲을 지나고
어떤 때는 쓰러진 나무와 돌들로 인해 전진해야 할 길이 보이지 않기도 한다.
그러나 길고 긴 길을 어떻게 지날지 한꺼번에 생각할 필요는 없다.
길을 지나치며 이루어지는 수많은 만남들을 순간순간 느끼면 그뿐.
시냇가의 돌다리를 건너고, 걷고 오르고 넘어지고, 절벽을 타고.
그러다 보면 어느샌가 꿈꾸던 에르미타를 만날 수 있다.

길을 느리게 지나면서는 알지 못한다. 그동안 얼마나 많은 여정을 거쳐왔는지를. 매 순간이 늘 그렇다. 별다른 변화도 특별함도 없을 것 같던 길이지만 뒤돌아보면 정말 많은 이야기를 지닌 순간들이 고스란히 쌓여 있음을 목격하게 된다.

흔히 우리는 길을 향해, 인생을 향해 전진한다고 생각하지만 어쩌면 인생이라는 길이 우리를 매 순간 특별한 곳으로 안내해온 것은 아닐까? 다음에는 어떤 길이 우리를 어디로 데려다놓을까? 지금 이 순간은 또 어떤 다른 순간과 연결되어 있는 것일까?

❼ 코르사Corçà의 마레 데 데우 데 라 페르투사Mare de Dèu de la Pertusa 에르미타
42°02.637' N / 00°40.356' E

노구에라 리바고르사냐Noguera Ribagorzana 강 위에서 드라마틱한 풍경을 자아내고 있는 이 에르미타는 12세기의 건축물로, 피레네 산맥으로부터 넘어오는 무어인들의 침략으로부터 보호하기 위해 이와 같은 뾰족한 절벽 위에 홀로 세워졌다.

#7
위대한 자연과 미천한 인간

아름다운 자연 경관은 벅찬 감동을 선사하지만

그 위대함을 깨닫는 순간

나 자신은 지극히 초라하고 보잘것없는 한 생명체에 불과하다는 것을 느끼게 된다.

거대한 산, 시간의 옷을 입은 산을 마주할 때면

나는 그 계곡을 지나치는 바람보다도 더 하찮은 무엇에 지나지 않는 것이다.

웅장한 하늘을 바라볼 때도 마찬가지다.

이렇게도 위대한 자연은 무엇에도 아랑곳 않고 자신의 갈 길을 가는데

사람들은 헛된 문제들로 괴로워한다.

저만치 물러나 인간의 삶을 바라보면 스스로 불행과 슬픔을 자초하는 듯하다.

우리가 중요하고 소중하다고 여기는 그 모든 것이

자연 앞에서는 아무것도 아닌 것이 된다.

마레 데 데우 데 라 페르투사Mare de Deu de la Pertusa를 지은 수도자 역시 자연의 위대함을 깨달으며 자신을 한없이 낮춘 자일 것이다. 계곡을 따라 깊은 강이 굽이굽이 흐르는 산봉우리 위에 위태롭게 지어놓은 에르미타.

신이 세상을 지었다면, 그렇다면 신이야말로 우주에 존재하는 유일한 창조자이자 예술가이고 우리는 신이 만들어놓은 자연이라는 예술을 카피하는 아마추어에 불과할 뿐이다. 자신의 미천함을 깨닫는 순간 그 수도자는 무엇을 얻었을까? 어떤 깨달음으로 인해 그 혹독한 삶과 외로움을 즐거움으로 치환하여 만끽할 수 있었을까? 나는 점점 알 수 없었다.

우리는 왜 살아가는가? 언젠가 지구도, 인류도 소멸할 것이다. 그렇다면 이름을 남기는 일이 무슨 의미가 있을 것이며 업적을 행하는 일, 전쟁, 서로 헐뜯는 모든 인간사가 무슨 의미가 있을까? 우리는 지구라는 같은 배를 탄 여행 동지들에 불과할 뿐인 것을…….

나는 왜 살아가는가? 나는 이 글을 왜 쓰고 있는 것이며 왜 여행을 하며 왜 고민을 하는가? 갑자기 모든 것들이 부질없어지기 시작했다. 모든 것은 소멸하는데 의미를 갖은들 무슨 또 다른 의미가 있을 것인가?

세바스티안은 에르미타 옆 작은 벼랑에 앉아 새로운 구름과 하늘의 빛을 기다리고 있었다. 따스한 태양이 구름에 가려지자 금세 초봄의 한기가 몸속으로 전해지기 시작했다. 계곡 위로 잔잔하면서도 날카로운 바람이 불었다.

그는 왜 사서 이 고생을 하는 것일까? 문득 너무도 자연스러웠던 우리의 여행이 새삼스럽게 느껴지기 시작했다. 그는 네 개의 카세트에 들어 있는 여덟 장의 필름을(카세트 하나에는 두 장의 대형 네거티브 필름이 들어 있다) 핀홀 카메라 안에 담은 후 사다리와 대형 삼각대를 접었다. 올라오는 길만큼이나 내려가는 일도 고역이었다. 우리는 에르미타를 두르고 있는 계곡을 따라 길을 떠나기로 했다.

유럽 전역에서는 "GR('원대한 하이킹'이라는 뜻으로 프랑스, 벨기에, 네덜란드, 스페인, 포르투갈을 잇는 하이킹 코드다. 프랑스어로 'Grande Randonnée', 네덜란드어로 'Grote Routepaden', 포르투갈어로 'Grande Rota', 스페인어로 'Gran Recorrido'로 표기한다)"이라는, 빨간색과 흰색 페인트로 바위나 나무 위에 칠해진 막대기 모양의 이정표를 쉽게 발견할 수 있다. 이 표시만 잘 따라가면 유럽 전역의 자연을 만끽하며 도보로 여행할 수 있는 것이다. 이곳에도 GR 표시가 5미터 혹은 10미터마다 하나씩 그려져 있었다.

에르미타를 찾는 여정은

알 수 없는 끝을 향해 달리는 완행열차에 올라탄 듯한 느낌을 준다.

아침 햇살은 우리보다 앞서 도착해 에르미타 익스프레스의 창을 두드린다.

피곤한 몸을 일으키는 새날이 느리게 시작된다.

오늘도 몸을 가다듬고 새로운 마음가짐으로 하루를 준비해야 한다.

구부러진 강줄기와 산을 따라 걷자니 새록새록 낯선 풍경들이 눈앞에 돋아났다. 산은 말할 수 없이 아름답고 웅장했다. 마치 휴식을 취하고 있는 거대한 짐승들을 바라보는 듯한 느낌. 길이 휘어질 때마다, 산이 높고 낮아짐에 따라 나무와 풀들의 모습, 흙의 색도 바뀌어갔다.

이렇게도 많은 것이 존재하는 이 지구와 자연, 그 속에서 우리 삶이 가지는 의미는 무엇일까? 그것은 어쩌면 순간을 누리고 자신의 시간에 기쁨을 더할 수 있는 일들을 찾아가는 과정 그 자체일지도 모른다.

나를 기쁘게 하는 것을 찾는 일, 아름다운 것을 보고자 하는 마음과 비록 누추하게나마 표현하고자 하는 마음, 그것이 어쩌면 우리 삶의 참의미일지도 모른다는 생각이 들었다. 지금 이 거대한 산을 마주하며 벅찬 가슴을 느끼는 일처럼 말이다.

❽ 엘 룬티 Run의 비르젠 데 라 그라시아 Virgen de la Gracia 에르미타

42°30,258' N / 00°28,312' E

11~12세기의 이 롬바르디아 로마네스크 양식의 에르미타는 스페인 피레네의 깊은 숲 속, 에세라Esera 강가에 꼭꼭 숨어 있다. 낮게 깔린 구름들이 에르미타 뒤의 산을 가리고 있다.

#8
멀리서
바라보기

스페인 카탈로니아 지방이 시작되는 지점에서는
첩첩이 이어지는 바위산들을 만날 수 있다.
산들은 마치 자신의 구역을 철통같이 지키는 신을 연상시킬 정도로 웅장하며
모양도 가지각색이었다.
올데몰린스Ulldemolins 지역의
에르미타 산 바르토메우 데 프라구에라우Sant Bartomeu de Fraguerau를
둘러싸고 있는 바위산들의 모습은
둥실둥실 살이 찌고 실낱같이 가는 눈을 한 중국 신들이나
작은 수염과 두꺼운 터번을 머리 위에 얹은 아라비아 마술사를 닮은 모습이었다.

"저 산속 어딘가에 에르미타가 숨어 있어. 30분 정도 걸으면 도달할 수 있다고 해."
세바스티안이 대형 삼각대와 핀홀 카메라 그리고 물통을 챙기며 말했다. 이미 오후 3시가 넘은 시간. 가장 이상적인 빛을 만나려면 4시까지는 도착해야 했다. 하늘은 곧 비를 뿌릴 듯 먹구름으로 가득 차 있었다. 바위산 밑은 키 작은 나무들로 가려져 있었다. 그 속으로 들어서지 않고서 거리와 험난함을 가늠할 수는 없었다.
저 산골짜기의 어딘가를 향해 우리는 첫발을 내디뎠다. 숲은 향기로운 로즈마리와 타임 나무가 가득한 오솔길로 시작되고 있었다. 길은 계속해서 많은 갈래의 다른 길들을 우리 앞에 턱턱 내려놓았다.
겨우내 폭설로 쓰러진 나무들과 바위 더미가 좁은 길들을 더욱 조여왔다. 나무들로 덮여 있던 오솔길은 겉에서는 평화로워 보였지만 막상 안으로 들어가니 수많은 가시나무 가지들이 진을 치고 있었다.
거리감은 사물과 현상, 느낌을 달리 보이게 만든다. 한 걸음 한 걸음 전진하는 것이 이렇게 힘들 줄은 불과 10분 전만 해도 몰랐으니 말이다. 멀리서 바라보던 둥글둥글한 바위산의 모습을 더욱 가까이 올려다보자니 마치 살아 있는 생명체가 나를 끊임없이 주시하는 것 같아 섬뜩한 기분이 들었다.

한 시간가량 험한 산속 오솔길을 걸었을까? 아직도 에르미타는 보이지 않았다. 세바스티안은 우리가 걸어온 길이 올바른 길이었는지를 찬찬히 따져보기 시작했다. 하늘에 떠 있는 해의 위치와 바위산의 모습을 계산했다.

지금까지 걸어온 길이 만약 다른 방향을 향한 것이었다면 오늘의 에르미타 촬영은 물거품이 되어버릴 터였다. 게다가 날이 저물기 전에 서둘러 걸어온 길을 되돌아가야 했다.

가시나무에 긁힌 자리가 가려워지기 시작했다. 머리 위로는 대머리 독수리들이 무리를 지어 날고 있었다. 좁은 바위틈과 개울을 넘고 또다시 험한 오솔길의 쓰러진 나무 사이를 넘자 작은 이정표가 하나 나왔다.

깊고 깊은 산속, 자신들만의 공감대를 형성해가며 세상으로부터 멀어지고자 했던 사람들, 그들은 세상을 얼마나 멀리서 바라보았을까? 함께 삶을 영위했을 이웃과 가족들과는 서로 얼마만큼의 거리를 유지했을까?

멀리서 바라보는 세상은 평화롭고 고요하다.

그러나 그 안에서 삶을 지탱해야 하는 작은 생명체가 되는 순간, 나와 세상과의 거리가 좁아지는 순간, 나와 사람들과의 사이가 가까워지는 순간, 모든 것에 연결고리를 가지고 매 순간에 참여해야 하는 그 순간,

삶은 만만치 않은 존재로 다가서는 것이다.

바위 더미를 넘고 길이 아닌 길을 지나 사이프러스 나무와 올리브 나무를 헤치자 그토록 찾아 헤매던 에르미타 산 바르토메우 데 프라구에라우의 모습이 드러났다. 웅장한 바위 신들로 둘러싸인 작고 소박한 지붕의 에르미타.

세바스티안은 우선 위도와 경도를 수첩에 기록하고 에르미타의 번호를 매겼다. 그의 533번째 에르미타였다. 이후 카메라를 설치하고 사진 촬영을 시작했다. 나는 가시덤불 안에서 서로 얽혀 있는 세바스티안과 에르미타의 주위를 돌기 시작했다.

천 년 이상의 시간이라는 거리를 사이에 둔 저들 사이에는 어느 정도의 공간이 자리하고 있을까?

문득 거리감의 조율이 매우 중요하다는 생각이 들었다. 그것은 어쩌면 삶을 지탱하는 줄 같은 것일지 모른다. 현악기의 줄처럼 너무 느슨하게 풀거나 팽팽하게 조이면 제대로 된 소리를 내지 못하는 것처럼 모든 것에는 조율이라는 것이 필요할 것이다. 그 위에서 우리는 모든 순간 균형을 유지하며 고개를 넘고 위험을 감수해야 한다. 모는 섯과의 거리감, 그리고 자기 자신과의 거리감 그것들을 이해하면 삶에 대해, 조금일지라도 무언가를 이해한다는 느낌을 받을 수 있을까?

같은 시간을 함께한다는 것

III.

광대한 우주, 그리고 무한한 시간, 이 속에서 같은 행성, 같은 시대를 당신과 함께
살아가는 것을 기뻐하면서…….

– 《코스모스Cosmos》, 칼 세이건Carl Sagan

⑨ 소토 데 산 에스테반Soto de San Esteban의 산 안드레 아포스톨San Andrès Apostol 에르미타
41˚34,980' N / 03˚21,271' W

이 중세시대의 교회에 대해 알려진 것은 그리 많지 않다.
소리아 지방의 메마른 땅과 겨울이 그들의 비밀을 잘 지켜주고 있는 듯하다.

#9
영원한 것은 없다는
영원한 진실

새벽녘에 일어나 하늘을 보았다.
밝은 햇살이 비추기 시작한 이른 새벽이었지만 여느 때와 달리 밖은 어두웠다.
묵직한 구름이 하늘을 온통 뒤덮고 있었다.
우리는 서둘러 장비를 챙기고 승합차를 고르마스Gormaz로 몰았다.
고르마스는 스페인 소리아 지방에 위치한 작은 마을이다.
마을 한가운데에 있는 언덕 중턱쯤에는 커다란 바위가 수문장처럼 버티고 섰고
그 바위 밑을 안식처로 삼은 듯한 작은 에르미타 하나가 있었다.
에르미타의 이름은 산 미구엘 데 고르마스San Miguel de Gormaz.
12세기에 세워진 이 작은 에르미타는 내부에 그려진 벽화로도 유명했다.
이 에르미타의 위치와 생김새는 사진사 세바스티안의 눈길을 끌기에 충분했지만
드라마틱한 구도의 바위와 에르미타를
어떻게 뷰파인더 안에 잡을 것인지가 관건이었다.

세바스티안은 마을 위로 거무스름한 구름들을 서서히 모으고 있는 하늘을 오랫동안 주시했다. 해는 이미 마을 한가운데를 향해 오르고 있었지만 두꺼운 구름이 그 빛을 치밀하게 가리고 있었다. 마을은 바람이 실어온 짙은 구름에 가려졌다가 잠시 햇살을 받아가며 색과 느낌을 시시각각 달리하고 있었다.

마을 위의 구름들이 점점 우리를 향해 다가오자 세바스티안은 핀홀 카메라와 사다리를 설치하고 빛의 양을 재기 시작했다. 열두 장의 네거티브 필름을 모두 소비하고서야 세바스티안은 사다리에서 내려왔다. 그러면서도 그는 계속 변화하는 하늘을 향해 눈길을 주고 있었다.

사진이란 찰나의 예술이지만 언제 어느 시점이 가장 아름다운지는 사진이 인화되기 전까지 절대로 알 수 없기에 쉽게 발걸음을 돌릴 수 없는 것이다. 최고의 순간을 사진으로 보이기 위해 사진가들이 소비하는 시간은 지루할 정도로 길고 버겁다.

언덕 맨 꼭대기에는 고르마스 성의 잔재가 버티고 있다. 8세기 무렵 아랍인들에 의해 세워진 이 성은 390미터의 길이에 28개의 탑을 가졌는데 당시 서부 유럽에서 가장 큰 규모였다고 한다.

성은 거친 바위와 자갈들로 이루어진 언덕 위에 세워져 외부에 그 위력을 마음껏 과시했을 것이다. 지금은 비록 외벽과 몇 개의 탑들만이 남아 그 자리를 지키고 있지만 마을을 아우르며 서 있는 성의 늠름함은 여전한 듯했다.

고르마스 언덕 위에는 많은 사건들과 전쟁 혹은 사랑 이야기가 새겨져 있을 것이다. 수많은 이야기를 그대로 간직한 듯 언덕은 그렇게 조용히 바람과 회색 구름을 끌어 모으고 있었다. 성을 짓던 노예와 그 성을 마음껏 누비던 귀족들, 성을 파괴한 적군과 이후 에르미타를 세운 수도자들까지. 고르마스 언덕은 인연을 모으는 특별한 곳이구나. 그리고 지금 우리는 이렇게 또 다른 이야기를 가지고 이 특별한 언덕을 밟고 서 있구나.

억시리는 것이 참 매력적이라는 느낌이 들었다. 오랜 시간에 걸쳐 길이 남아 있는 그 무엇은 본질이 바뀌지는 않지만 의미와 존재의 가치는 변한다. 각 세대의 사람늘은 자신들의 시대에 맞게 그들을 관조하며 느끼면 되는 것이다.

한 차례 옅은 비가 내리고 또 바람이 불어 축축한 공기는 금세 사라져갔다.
영원한 것은 없다. 단 영원한 것은 없다는 진리만이 영원할 뿐이다.
그러나 시간 그리고 자연은 그 가운데에서 가장 위대한 자리를 차지하며
우리 주변을 맴돌고 있다. 위대함으로 둘러싸인 작은 우리들, 인류를.

⑩ 아레우Arreu의 마레 데 데우 데 라스 네우스Mare de Déu de las Neus 에르미타

42°39.782' N / 01°04.111' E

이곳은 피레네의 마법의 장소이다. 이곳을 둘러싼 재미난 전설이 하나 있다.
독실한 기독교 신자인 아레우 영주의 딸이
무어인 전사와 사랑에 빠졌고 이를 알게 된 영주가 몹시 반대를 했다.
딸과 전사가 함께 도망쳤을 때
영주는 그가 소유한 모든 재산을 팔고 도망친 두 사람을 잡기 위해 떠났다.
이후 그들의 소식은 어디에서도 들을 수 없었다고 한다.

#10
옛이야기는
여전히 이곳에 남아

스페인의 카탈로니아 지방.
높은 피레네 산맥과 풍족한 자연의 혜택을 입은 이곳은
스페인에서도 꽤 부자 동네에 속한다.
프랑스와 스페인의 경계인지라 언어 또한
스페인어에 프랑스어를 살짝 섞어놓은 느낌이다.
고불고불 멀고 먼 피레네 산맥의 길을 지나면 깊은 산속에 에르미타가 하나 있다.
에르미타 데 라 마레 데 데우 데 라스 네우스Ermita de la mare de Deu de las Neus.
눈이 내리기 시작했다.
험악한 산길을 오르기에는 승합차가 많이 지친 듯했다.

차에서 내려 한 시간 남짓 장비를 들고 산을 올랐다. 이렇게 공을 들여 산길을 올랐을 때 아름다운 에르미타와 구름이 기다려준다면야 더 이상 바랄 나위가 없겠지만 이상적인 순간을 사진으로 포착할 확률은 미지수와도 같았다. 그러나 목적지에 도착하자 오늘의 등산은 헛고생이 아니었다는 생각이 들었다. 얇은 돌을 층층이 정교하게 쌓아 올린 아름다운 에르미타가 눈을 맞으며 우리를 기다리고 있었던 것이다.

이곳 에르미타에는 다른 곳과는 달리 특별한 사랑의 전설이 전해진다. 아랍인과 스페인 기독교도 사이의 세력 싸움에서 기독교 세력이 점점 강해져 아랍인들이 서서히 영토를 떠나기 시작하던 때. 이 마을에는 독실한 기독교 신자인 영주와 그의 딸이 살고 있었다. 영주의 딸은 너무도 아름다워 당시 표현에 따르면 사과 꽃을 바라보는 느낌이라 했다.

어느 날 산책을 하던 그녀는 이슬람 제국의 한 사라센(중세 유럽에서 이슬람교도를 이르던 호칭)과 마주쳤고 그 둘은 곧 사랑에 빠졌다. 이 사실을 안 영주는 사라센에게 소중한 딸을 줄 수 없다며 에르미타 옆 높은 탑, 라 토레 데 라 미뇨나La Torre de la Minyona(귀여운 여인의 탑) 맨 꼭대기에 딸을 가두었다. 매일 두 명의 하인만이 이곳을 방문할 수 있었는데 두 하인은 맛있는 음식과 아름다운 보석, 화려한 드레스를 들고 찾아왔다. 그러나 영주의 딸은 탑에 갇혀 아무것도 먹지도 않고 아름다운 옷과 보석으로 치장하지도 않은 채 우울한 나날을 보냈다.

얼마 후 어느 어두운 겨울밤, 사라센 무사는 탑을 맨손으로 올라 영주의 딸을 구출해 함께 말 위에 올라탄 후 달아나고야 말았다. 영주는 딸을 잃은 슬픔과 분노에 못 이겨

그가 가진 모든 땅과 성을 팔아버리고는 그 사라센을 찾아 죽이고 딸을 데려오겠노라는 말을 남긴 채 떠났다.
이후 아무도 영주를 본 사람은 없으며 사라센과 영주의 딸은 아랍 제국으로 귀향해 행복하게 살았다고 한다. 그런데 과연 그 여인은 후회 없이 사랑하는 이와 끝까지 행복하게 살았을까?

옛이야기들은 얼핏 단순한 것 같지만 인간이 가진 가장 기본적인 욕망의 문을 두드리기에 오랜 시간에 걸쳐 입에서 입으로 전해 내려오곤 한다. 어쩌면 가장 단순한 마음으로 사는 것이 이 복잡한 세상을 헤쳐 나가는 지혜가 아닐까 싶기도 하다. 지금은 에르미타만이 남아 있을 뿐, 영주의 딸이 갇혔던 탑은 허물어져 앙상한 돌무덤으로 남아 있다.
세바스티안과 나는 그곳에 전해져 내려오는 사랑 이야기를 나누며 산을 내려왔다. 저 아래로 에르미타 익스프레스 승합차가 눈에 들어왔다. 우리의 애마. 비록 꼬불거리는 험한 산길을 동행할 수는 없지만 멀리서 우리를 조용히 기다리고 있는 노란색 승합차를 보자 추웠던 마음이 녹아내리는 듯했다.
사라센과 영주의 딸도 이 험한 산길을 말로 달리며 이 세상 그 누구보다도 뜨거운 심장의 고동소리를 느꼈을 것이다.

영주의 딸과 사라센이 도망치는 장면을 그린 그림. 마레 데 데우 데 라스 네우스 에르미타를 지키던 이는 에르미타에 얽힌 사랑 이야기를 들려주며 이 그림도 함께 전해주었다.

"올해가 에르미타 익스프레스의 마지막 겨울이 될 것 같아.
그동안 참 많은 일들을 나와 함께했는데…….
사진을 찍고 내려와 조용히 주차된 에르미타 익스프레스를 바라보면
마치 튼실하고 충직한 짐승 한 마리가 나를 기다리는 듯했지.
멀리에서 혹 다른 노란색 승합차를 만나도 가슴이 따뜻해지곤 했어.
이놈을 보내고 나면 한동안 무척 아쉽고 허전할 거야."
승합차의 운전대를 쓰다듬으며 세바스티안이 말했다.

⑪ 발레스피노소 데 아귈라르Vallespinoso de Aguilar의 산타 세실리아Santa Cecilia 에르미타
42°46,428' N / 04°22,111' W

12~13세기의 이 성역은 놀라운 원형 타워를 간직하고 있는데 남쪽에서 바라본 외관은 매우 특별하다.

#11
하찮은
만남이란 없다

햇살이 점점 따사로워지고
곧이어 봄이 스페인 북부 피레네 산맥에도 찾아오는가 했더니,
차가운 바람에 또다시 눈송이가 날리기 시작했다.
변덕스러운 날씨 앞에 우리는 늘 무기력한 존재일 뿐이다.
오늘의 목표물은 산타 마르가리다 데 라 코트 Santa Margarida de la Cot.
피레네의 한구석에 자리 잡은 사화산의 움푹 파인 한가운데에 지어진 에르미타이다.
산 중턱에는 당나귀 한 마리가 서성이고 있었다.
길을 잃은 것인지,
아니면 자신의 영역에서 한가롭게 풀을 뜯고 있는 것인지는 알 수 없었다.
세바스티안이 당나귀에게 풀을 한 움큼 뜯어주었다.
맛있게 풀을 받아먹은 당나귀가 우리를 따라오기 시작했다.

기원전 어느 때인가는 절대 꺼질 것 같지 않은 불길을 내뿜다가 중세의 어느 시점에는 에르미타 수도자들이 살았고 지금은 한 사진사가 에르미타를 찍기 위해 서 있는 곳. 사화산死火山 한가운데 서 있는 에르미타를 둘러싼 둥그런 지형은 제주도의 성산일출봉을 떠올리게 했다.

잔잔하게 내리던 눈은 소리 없이 세상을 하얗게 덮어놓았다. 우리는 눈 위에 발자국을 남기지 않기 위해 멀찍감치 떨어져 에르미타 주위를 맴돌았다.

또다시 찾아온 피레네의 눈. 이 여행의 마지막 눈일까? 아니면 아직도 많은 눈이 우리를 기다리고 있을까? 밀가루처럼 고운 입자의 눈 덕분에 주위는 더욱 신비로운 빛을 자아내고 있었다.

지구의 반대편 어느 곳에는 뜨거운 여름 햇볕이 쏟아지고 또 어느 곳에서는 따사로운 봄바람이 사람들의 가슴을 들뜨게 하는데 아직 피레네는 겨울을 보낼 준비가 안 된 모양이었다.

핀홀 카메라의 단점을 말하자면 사진사가 뷰파인더 안에 담기는 피사체를 미리 관찰할 수 없다는 것이다. 세바스티안은 경사진 지형 위에서 수도 없이 위치를 바꾸어가며 거리를 쟀다.
"아무래도 이번 해에는 에르미타를 너무 멀리서 찍은 것 같아."
해가 저물기 시작하자 세바스티안은 점점 초조해지는 듯했다.
"무슨 일이 있어도 오늘은 좋은 사진을 건져야 해. 내일이면 이 얇은 눈의 켜들이 사라질 테니까."
때늦은 눈을 만난 것은 정말이지 행운이었다. 석양이 하얀 눈밭 위에 고스란히 반사되고 있었다. 어두워서 사진을 찍을 수 없을 때까지 우리는 분화구 주변을 맴돌았다. 따라오던 당나귀는 어느새 보이지 않았다.

이 세상에 하찮은 만남이란 없는 것이다.
이 넓고 넓은 우주 한가운데, 지구라는 작은 행성, 거기에서 살아가는 무수한 생명들
그리고 같은 시간대를 지나는 우리를 위해 거대한 인연의 끈으로 묶인 소중한 이들.
그것이 풀 한 포기를 더 얻어먹기 위해 따라오던 당나귀일지라도
가벼이 대할 수 없는 것이다.
그 많은 만남과 시간의 둘레를 늘 함께할 수는 없지만
각자의 자리에서 행복할 수 있으면 그것으로 좋은 것이 아닐까?
우리가 지나는 모든 순간은 특별하다.

눈 쌓인 산속에서 자동차의 수평을 맞추는 일만큼 성가신 일이 또 있을까. 에르미타 익스프레스의 수평을 맞추려 하자 차는 얇게 쌓인 눈에 미끄러져 자꾸만 왼쪽으로 기울었다. 나무토막과 돌멩이를 대고 가까스로 수평을 맞춘 뒤 안으로 들어갔다.

아무 소리도 들리지 않는 고요하고 긴 밤이 시작되었다. 깜깜한 하늘이 에르미타 익스프레스를 금세 덮어버렸지만 눈의 하얀 빛이 주위를 환하게 밝혀주었다. 어둠 속에서 우리를 소란스럽게 깨운 것은 몽실몽실한 털을 덮은 양떼였다. 양치기 개 두 마리가 수십 마리의 양을 몰고 산을 오르고 있었다.
"아직 눈이 녹지 않았어. 새벽의 첫 빛으로 어서 에르미타를 찍으라고!"
하얀 눈밭을 지나는 양들이 그렇게 말하는 것 같았다. 밤새 눈은 더욱 꽁꽁 얼어붙어 있었다. 아직 차가운 눈이었지만 곧 찾아올 한낮의 햇살이 모든 것을 앗아갈지도 모를 일이었다. 사진사 세바스티안은 아직 그대로 남아 있는 눈을 보고 감격했는지 쏜살같이 점퍼를 걸치고 카메라 장비를 꺼내 밖으로 나갔다. 동트는 새벽의 첫 사진.

나는 생강차를 끓여 보온병에 담은 뒤 밖으로 나갔다. 스페인 피레네 산맥의 한 귀퉁이, 분화구에서 맞이한 아침 그리고 작은 에르미타.

성산일출봉에 올라 떠오르는 둥근 해를 바라보며 소원을 빈 적이 있었다. 여름이었고, 봉우리 위로 초록 풀이 이슬을 머금은 채 햇빛을 받아 윤기를 내뿜고 있었다. 그때 뺨으로 느껴지던 바람과 향기, 그 모든 분위기가 되살아났다. 내가 어떤 소원을 빌었더라? 그것만 생각나지 않았다.

지금 스페인의 피레네는 아직도 겨울의 공기를 머금고 있었다. 윤기 나던 풀들 대신 새하얀 눈이 동트는 새벽의 빛을 모으고 있고 따사로운 여름 향기 대신 하얀 입김이 숨을 내쉴 때마다 시야를 감쌌다.

왠지 다시 한 번 소원을 빌고 싶어졌다. 어쩐지 지금 무언가를 강하게 바라면 그것이 무엇이든 이루어질 것만 같았다. 개인적인 소원은 항상 바뀌곤 해서 시간이 지나면 의미를 잃어버릴 것이었다. 그렇다면 어떤 소원을 빌어야 의미 있을까?

잠시 생각한 후 이 여행에서 만난 모든 사람과 동물, 낯선 장소에서 삶을 영위하는, 어쩌면 이 세상에 사는 모든 객체를 위해 소원을 빌어보기로 했다. 이 세상 그 누구건, 어느 곳에 있건, 모든 살아 있는 생명들은 자신을 행복하게 지켜갈 수 있기를, 외로움과 괴로움으로부터 자유로울 수 있기를.

⑫ 세르베라 데 피수에르가Cervera de Pisuerga의 산 비센테San Vicente 에르미타

42°51,470´N / 04°29,546´W

초대 기독교 양식의 이 에르미타는 순전히 바위를 깎아 만든 것인데
같은 돌을 깎아 만든 '네크로폴리스Necropolis(죽은 자들의 도시)'에 둘러싸여 있다.
8세기의 조각이자 건축물로 추정된다.

#12
죽은 자들의
도시

에르미타 익스프레스에서의 삶이 힘겨워지기 시작했다.
스페인의 봄 햇살은 북부에도 강렬하게 비치고 있었다.
산책하는 곳곳마다 수선화와 벚꽃이 만발했다.
잠재적 실업 상태에 놓인 우리는 험상궂은 하늘이 오기를 하염없이 기다리는 대신
여행 중 지나쳤던 장소들을 하나둘 찾아 나서기로 했다.

스페인 북부, 소리아 지방의 쿠이야 카브라스Cuya Cabras에 있는 네크로폴리스는 그리스어로 '죽은 자들의 도시'라는 의미로, '묘지'를 이르는 말이다. 이곳은 기원전에 만들어졌다는 이론과 중세시대의 흔적이라는 이론이 팽팽하게 대립되고 있다.

작은 바위 동산 하나가 시신이 놓였던 무덤들의 흔적으로 뒤덮여 있었다. 물론 시신을 안착할 당시에는 엄청난 무게의 바위를 그 위에 얹었을 것이다. 이제 덮개바위는 모두 사라져, 시신을 넣어두던 인체의 형상을 한 홈들을 자세히 관찰할 수 있었다. 키가 큰 사람, 작은 사람, 갓 태어나자마자 죽었을 것으로 여겨지는 아기들의 자리도 이곳저곳에서 보였다. 죽음의 자리 위에 올라 산책을 하자니 가슴이 미어지는 느낌이었다.

각 나라마다 장례의 풍습이나 무덤의 형상이 다를지라도 죽음을 가볍게 여기지 않는 마음은 동서양, 세계 어느 곳을 막론하고 다르지 않다. 그것은 어쩌면 우리의 깊은 내면에서 죽음을 통해 새로운 바람을 이루려는 마음이 가득하기 때문은 아닐까?

거대한 네크로폴리스 바위의 그늘진 한편에는 동물의 털을 연상시키는 소복한 이끼들이 돋아나 있었다. 이 이끼들은 기원전 혹은 중세시대에 생을 마감해 바위 안에 안착된 그 누군가의 인체 속에 머물던 어떤 요소들도 포함하고 있을 것이다.

그 이끼들 사이로 누군가 큐피드의 화살을 맞은 심장을 귀엽게 그려놓았다. 죽은 자, 이끼 그리고 현재의 이방인. 오랜 시간을 거친 작은 대화의 마주침.

네크로폴리스 숲의 한 귀퉁이에서 우리는 바위 위에 새겨진, 죽은 자를 위한 에르미타를 발견했다. 로마네스크 양식으로 그려진 문. 그 문 안으로 들어갈 수는 없었지만 당시 사람들은 죽은 자들이 그곳으로 들어갈 수 있을 거라 믿었다. 사후 세계에 대한 염원, 그리고 염원을 담은 열정은 오랜 시간이 지나고도 여전히 강렬하게 남아 있었다.

우리는 어디에서 왔고 지금 어디에 있으며 또 어디로 가는가? 이 세 가지 질문 중 지금 우리가 어디에 있느냐는 질문에 대한 답을 빼고는 우리 자신에 대해서 알 수 있는 것이 아무것도 없다. 어떤 때는 지금 어디에 있는지조차 몰라 혼란을 겪기도 한다.

그러나 어디에 있건 무엇을 하건 우리는 시간이라는 긴 끈으로 이어져 있다. 그 시간의 흐름을 타고 우리도 흘러간다. 시간은 항상 다음 순간으로 이어지며, 그에 따라 달라지는 장소 또한 결국 어떤 흐름으로 연결되어 있다. 늙어가고, 움직이고, 새로운 아침을 시작하고, 여행을 하고, 수많은 헤어짐과 만남을 반복하며 생을 영위하고, 죽음을 맞이한다.

죽음이 과연 삶의 끝일까? 종교적으로 접근하지 않더라도 죽음은 또 다른 형태의 삶의 시작을 의미한다는 것은 쉽게 알 수 있다. 먼 훗날 시간이 흘러 이 세대가 더 이상 존재하지 않는다 하더라도 후세대와 교류하는 것은 생물학적으로 가능한 일이다.

아주 먼 곳에서일지라도 어떤 작은 움직임이 또 다른 움직임을 낳고 이어지고 또 이어져 지금의 내가, 이 장소에서, 누군가와 함께 어떠한 일을 도모하는 것이다. 사랑하는 사람, 가족, 친구, 동료, 이 모든 만남은 아주 오랜 과거, 어쩌면 인류의 시작부터 작동하기 시작한 것인지도 모른다. 그 조율 중 어느 하나라도 달라졌다면 잇달아 다음의 작용들이 변화해 현재는 다른 모습이었을 것이다.

세밀하고 연약한 듯한 이 연결 고리들은 무수히 바뀔 수 있는 경우의 수를 지니고 있지만 고리가 풀리는 일은 절대 없다. 고고하고 거대한 절대적 존재 앞에서 이루어진 지금 나의 모습, 내가 느끼는 감정과 숨 쉬는 공기, 이 모든 것들은 전해지고 전해지며, 또 누군가에게 어쩌면 다른 형태로 전달될 것이다.

그렇다면 나의 존재는 얼마나 많은 사람들에게, 또 얼마나 멀리까지, 어떠한 형체로 전해질 것인가? 치밀한 계획으로 이루어진 듯한 기막힌 우연으로 내가 누리는 '지금'이라는 소중한 시간을 무엇으로 계속 채워가야 할 것인가? 나는 이에 대한 답을 찾을 수 있을까? 아직은 모르지만, 우선은 그 해답을 찾는 여행을 계속해야 할 것 같다.

우리는 죽어서 흙이 되고,
흙은 여러 갈래로 흩어져 바람을 타고 여기저기를 여행하다가
시냇물을 타고 흐르고 흘러 바다로 가고,
대서양과 태평양을 거친 기나긴 여행 끝에 어느 누군가의 입 안을 적시는 존재가 될 것이다.
우리의 몸은 사라지지만 본질은 영원히 이 땅에 남을 것이다.

모든 순간은 유일하다

IV.

다시 이 빛나는 점을 보라. 그것은 바로 여기, 우리 집, 우리 자신인 것이다. 우리가 사랑하는 사람, 아는 사람, 소문으로 들었던 사람, 그 모든 사람은 그 위에 있거나 또는 있었던 것이다. 우리의 기쁨과 슬픔, 숭상되는 수천의 종교, 이데올로기, 경제 이론, 사냥꾼과 약탈자, 영웅과 겁쟁이, 문명의 창조자와 파괴자, 왕과 농민, 서로 사랑하는 남녀, 어머니와 아버지, 앞날이 촉망되는 아이들, 발명가와 개척자, 윤리 도덕의 교사들, 부패한 정치가들, 슈퍼스타, 초인적 지도자, 성자와 죄인 등 인류의 역사에서 그 모든 것의 총합이 여기에, 이 햇빛 속에 떠도는 먼지와 같은 작은 천체에 살았던 것이다.

— 《창백한 푸른 점Pale blue dot》, 칼 세이건Carl Sagan

⑬ 나바레스 데 라스 쿠에바스Navares de las Cuevas의 누에스트라 세뇨라 델 바리오.Nuestra Señora del Barrio 에르미타
41°24,992' N / 03°45,023' W

12세기에 지어진 이 에르미타는 세고비아Segovia 지방에 위치해 있다.
하얗게 내린 눈은 언덕 위에 놀라운 방식으로 축조된 이 건축물을 더욱 특별하게 만든다.

#13
사막에
내리는 눈

3월이 되자 완연한 봄의 기운이 사방에 감돌았다.
세바스티안은 아직 찾아가지 못한 에르미타 리스트를 보며 한숨을 내쉬었다.
며칠 동안 계속되는 파란 하늘을 보며 우리는 다시 막막해졌다.
하지만 이대로 앉아 있을 수만은 없는 일이었다.
"산 너머에는 멋진 회색 하늘이 드리워져 있을지도 몰라."
이루어지기 힘든 희망 하나를 가슴에 품고 우리는 차에 올랐다.
굽이굽이 산등성이를 넘고 계곡 사이로 끝없이 차를 달리자
뾰족하고 높은 산 아래로 마을 하나가 나타났다.
마을 이름은 나바레스 데 라스 쿠에바스Navares de las Cuevas.
이곳 역시 파란 하늘을 머리 위에 얹고 있었다.
저 산 어딘가에 누에스트라 세뇨라 델 바리오Nuestra Señora del Barrio가 있을 터였다.

시계는 오후 5시 반을 가리키고 있었다.
"곧 날이 저물 거야. 누에스트라 세뇨라 델 바리오 에르미타는 저 산 위에 있어. 오늘 산을 오르기는 힘들 것 같아."
실망스러운 표정을 감추지 못한 채 세바스티안은 밤을 지낼 만한 조용한 장소를 찾아 나섰다. 어둡고 습한 공기가 가득한 저녁에 밤을 보낼 장소를 찾는 것은 그리 유쾌하지 않았다. 어떤 장소가 되었든 어둠에 싸이면 음침하고 소름 돋는 귀퉁이 같아 보이기 때문이었다.
어수룩하게 서 있는 나무 옆에 터를 잡고 차에서 내렸다. 땅 위에 발을 내딛자 움푹, 발이 땅 속으로 미끄러져 들어갔다. 우리가 정착한 땅은 온통 진흙투성이었던 것이다. 내일 아침에는 회색빛으로 물든 하늘이 나타나주기만을 바랐다.
이렇게 봄이 찾아와버리면 또다시 1년이라는 시간을 기다려야 했다. 자연의 변덕스러운 뜻 앞에서 우리가 할 수 있는 것이라고는 한숨을 쉬며 기다리거나 다른 길을 찾아 떠나는 일뿐이었다.

절박한 마음으로 물든 밤이 지나고 새벽이 찾아오자 세바스티안은 서둘러 재킷을 걸치고 차 문을 열었다. 차가운 새벽 공기가 하늘색 빛을 머금고 차 안으로 몰려들어왔다. 파랗게 물든 새벽하늘은 오늘도 실망감을 안겨주겠다고 예고하는 것 같았다. 게다가 밝은 데서 보니 간밤에 찾아낸 장소는 온통 쓰레기와 개똥 천지였다. 우울한 마음 위에 한 꺼풀의 재를 끼얹은 기분이었다.

우리는 마을 안 광장에 위치한 작은 카페로 들어갔다. 카페 안은 텁텁한 냄새를 풍기는 시가를 피워대며 텔레비전을 시청하는 늙은 남자들뿐이었다. 세바스티안과 나는 커피와 크루아상을 하나씩 주문한 뒤 번갈아가며 화장실에 다녀왔다.
텔레비전에서는 뉴스 앵커가 일기예보를 빠른 속도로 전하고 있었다. 스페인어를 알아들을 수는 없었지만 스페인 전체에 드리워진 동그란 해 그림을 보며 나는 오늘의 날씨를 쉽게 짐작할 수 있었다.
"말리에서 만났던 마마두가 생각나는군. 그는 자신의 조국인 말리를 한 번도 떠나본 적이 없었어. 그래서 타향의 날씨가 어떤지, 다른 이들의 삶이 어떤지 전혀 알지 못하지. 유럽의 겨울 날씨가 얼마나 우울한지, 겨울에 내리는 눈이 얼마나 아름답고 차가운지 전혀 짐작하지 못해. 그저 어딘가에서 듣고 혼자 상상해봤을 뿐이지. 그런 마마두가 하루는 말리의 사막 한가운데에서 내게 이렇게 말하는 거야.
'세바스티안, 지금 어마어마한 양의 눈이 내리고 있어. 몹시 춥군그래.'
나는 그의 말을 그저 농담으로만 받아들였지. 세상에나 말이 돼? 28도의 사막에 눈이 내려 춥다는 것이? 하늘에서는 뜨거운 태양이 내리쬐는데 말이야. 물론 28도는 말리에서는 매우 서늘한 기온에 속하긴 하지만.

그는 한 번도 만나보지 못한 눈, 그리고 어쩌면 그의 남은 일생에서도 전혀 느껴보지 못할 눈을 상상으로 그리며 느끼고 있었던 거야. 얼마나 눈을 느끼고 싶었으면 뜨거운 사막 한가운데서 눈을 볼 수 있었겠어? 날씨가 이렇게 에르미타를 도와주지 않을 때마다 나는 마마두를 생각하고는 해."

그때 바의 끄트머리에 앉아 우리의 이야기를 엿듣던 한 노인이 프랑스어로 말을 걸어왔다.

"스페인 피레네 산의 일기예보는 믿을 게 못 돼. 뾰족뾰족 심술궂은 산들이 곧잘 바람을 이리저리 휩쓸거든. 열심히 눈을 상상해보게나. 혹시 알겠어? 함박눈이 펑펑 내릴지."

우리는 지독한 시가 연기로 가득한 카페를 나와 마을을 한 바퀴 돌았다. 하늘은 여전히 구름 한 점 없이 새파랬다. 날씨가 변할 기색은 눈곱만큼도 보이지 않았다. 이른 점심식사를 차 안에서 간단하게 마치고 나니 시계는 정오를 가리키고 있었다.

시간을 아무 의미 없이 지나치는 대신 에르미타가 있는 산의 정상에 올라가보기로 했다. 사진을 찍을 수는 없어도 에르미타를 찍을 각도를 찾아볼 수는 있기 때문이었다. 한 시간 정도 오르면 정상에 도달할 수 있을 거라는 마을 사람의 말을 듣고 가벼운 차림으로 배낭과 1리터짜리 물 한 병을 들고 길을 나섰다.

산의 초입은 다른 산들의 그것과 그리 다르지 않았다. 숲이 있고 얕은 시냇물이 흐르며 바위들이 중간중간 놓여 있었다. 30분쯤 시간이 흐르자 산의 표면이 점점 가팔라졌다. 산의 표면은 축축한 진흙과 이끼로 가득해 발을 잘못 디디기라도 하면 미끄러지기 십상이었다.

한 시간이 지났지만 산의 정상도 에르미타도 보이지 않았다. 절벽에 가깝도록 가파른 산 위에 겨우 한 발짝씩 내디뎌야 할 정도로 폭이 좁은 소로가 끝없이 놓여 있을 뿐이었다.

에르미타도 찾을 수 없는 것일까? 에르미타를 찾을 수 없을지도 모른다는 걱정스러운 마음이 지친 어깨를 한 번 더 짓눌렀다.

한참을 올랐을 때 이정표 하나가 눈에 들어왔다. 산 정상에 있는 누에스트라 세뇨라 델 바리오 에르미타를 복원하기 위해 헬리콥터를 동원했다는 이야기와 에르미타까지의 거리가 1킬로미터 정도 남았다는 정보가 적혀 있었다. 우리는 그제야 여유로운 마음으로 산길을 오를 수 있었다.

얼마 되지 않는 거리였지만 가파른 산을 오르기란 여간 어려운 일이 아니었다. 특히 이런 절벽을 기어오를 때는 몸과 마음이 빠르게 지치고 급기야는 존재하지 않는 그 어떤 대상을 향해 화도 나기 마련이다. 이런 절벽 한가운데서는 계속 오를 수도, 포기하고 돌아갈 수도 없는 것이다.

차라리 산을 불질러버리고 싶다는 절망적인 분노가 치미는 순간 에르미타가 눈에 들어왔다. 고단한 내 눈에 비친 에르미타 주위는 어찌나 여유롭고 안정된 모습인지, 마치 그렇게 험악한 절벽은 애초에 있지도 않았다는 듯 편안하게 산의 정상에 얹혀 있었다.

에르미타 주위를 한 바퀴 돌았다. 화려한 장식은 어디에도 붙어 있지 않았지만 산 정상의 지형에 맞추어 올려진 모습 자체만으로도 신비로운 아름다움이 뿜어져 나오는 것 같았다.

그제야 바람이 혹독한 추위를 몰고 오는 것이 느껴졌다. 차가운 바람이 온몸에 맺힌 땀을 식히자 오한이 찾아들었다.

갑자기 얼굴에 차가운 무언가가 와 닿았다. 눈이었다. 한 송이 두 송이, 어딘가에서 눈이 날려 오고 있었다. 그러더니 온통 사방에 눈비가 내리기 시작했다. 하늘은 짙은 회색 구름으로 순식간에 정복당한 상태였다.

우리는 아무 말도 하지 않고 서둘러 산을 내려가기 시작했다. 사진 장비를 가지고 다시 올라오기 위해서였다. 힘겹게 오른 산을 어떻게 다시 오를지 상상하는 것은 사치스러운 마음이라 생각했다.

어떻게 산을 내려왔는지 기억나지도 않았다. 서둘러 달려 내려왔다는 느낌만이 있을 뿐이었다. 마을 어귀에서 얌전히 기다리고 있던 에르미타 익스프레스는 지붕 위에 하얀 눈을 한 가득 짊어지고 있었다.

"이거야말로 사막에 내리는 눈 같군."

세바스티안이 눈을 맞는 행복한 강아지처럼 펄쩍펄쩍 뛰며 말했다.

시간은 오후 3시를 넘어서고 있었다. 사진 장비를 가득 짊어지고 다시 산을 오를 생각을 하니 머릿속에 머물던 온갖 생각들이 새하얗게 지워지는 느낌이었다. 언제 그 가파른 절벽을 눈과 함께 올라 사진을 찍고, 다시 그 미끄럽고 어두운 산을 내려온단 말인가?

하지만 나는 아무런 말도 하지 않았다. 사진사의 의지를 꺾고 싶지 않았다. 이렇게 아름다운 함박눈과 회색 하늘을 또 언제 만나겠는가?

우리는 빠른 발걸음으로 산을 올랐다. 사정없이 퍼붓는 눈 사이를 걷기가 이렇게 힘들 줄이야. 산이 점점 가파른 기색을 드러내기 시작하자 마음속에 품었던 사기가 푹 꺾여버렸다. 절벽에 눈이 쌓여 어디가 길인지도 정확하게 분간하기가 힘들었다. 카메라 다리를 지팡이 삼아 눈 속을 푹푹 찍어가며 한 발 한 발 내디뎠다.

정상에 가까워지자 강한 바람이 몸을 사정없이 흔들어댔다. 자칫하면 절벽에서 떨어져 죽을 수도 있다는 두려운 상상이 밀려들었다. 사실 이 세상에 완벽한 보험이란 없는 것이다. 무엇을 절대적으로 의지할 수 있겠는가? 그저 나 자신을 의지하고 달래고 부축하며 조심스럽게 나아갈 뿐이다.

절대로 도달할 수 없을 것 같던 산의 정상이 나오고 에르미타의 모습도 눈에 들어왔다. 좀 전과는 달리 지붕에는 이미 하얀 눈이 한 겹 얹어져 있었다. 하늘은 세바스티안이 그토록 원하던 회색이었지만 에르미타 뒤로 빛을 머금은 회색은 아니었다.
이미 오후 5시가 훌쩍 넘어버린 것이다. 핀홀 카메라로 사진을 찍기에는 늦은 시간이었다. 하지만 세바스티안은 발갛게 상기된 얼굴로 카메라 장비를 세팅하기 시작했다. 나는 아무 말도 하지 않았다. 도대체 무슨 생각을 하는 것인지 궁금했지만 그 순간을 방해할 수 없었다.
얼마나 시간이 지났을까? 세바스티안은 에르미타를 돌며 여러 장의 사진을 찍어댔다. 눈보라로 인해 앞이 제대로 보이지 않았다. 바람 때문에 몸을 가누며 가만히 서 있기조차 힘들었다. 마지막 필름을 꺼내 들며 세바스티안이 내게 말했다.
"이번 필름은 25분간 노출을 해보려고 해. 눈이 그나마 공기 중에 희미하게 남아 있는 빛을 사진 속에 실어다줄 거야. 노출을 25분간 하게 되면 움직이는 눈의 모습은 사진에는 나타나지 않지. 그 대신 천만 개의 눈송이가 실어다주는 희미한 빛들이 사진을 빛나게 할 거야. 게다가 하얀 눈 바닥은 이 세상에서 가장 훌륭한 반사판의 역할을 하지. 최고의 반사판을 받는 에르미타가 되는 거야."
세바스티안은 최고의 사진을 찍는 순간의 행복감을 마음껏 누리며 작업을 마쳤다.

멈추지 않을 것 같던 눈보라는 어느새 잦아들었다. 땀을 뻘뻘 흘려가며 한 발 한 발 전진했다. 하늘은 이미 캄캄했지만 두툼한 눈을 덮은 사방은 달빛을 받아 온통 빛나고 있었다. 우리는 전등을 껐다. 전등을 끄자 시야가 훨씬 넓어졌다. 아련하게 빛나는 눈빛의 도움으로 산을 내려가는 것이 더 지혜로웠다.

가파른 절벽을 어떻게 내려왔는지 기억나지 않는다. 다만 절대적인 두려움과 나 자신의 나약함으로 움츠러들었던 기억만이 가득하다. 달빛을 받은 눈밭은 그 무엇과 비교할 수 없을 정도로 아름다웠다. 하지만 아름답다 하여 한없이 선한 것은 아니다. 만약 우리가 이 숲 속에서 위험한 상황을 맞닥뜨린다 해도 숲은, 그리고 눈은 우리를 동정하지 않을 테니까. 이 세상에서 나 하나쯤은 아무것도 아닌 것이다.

나는 내 인생에서 처음으로 죽음이 나를 집어삼킬 수도 있다는 두려움을 느꼈다. 삶과 죽음의 경계선에서 얇은 끈을 가지고 줄다리기를 해야 하는 상황에 처하게 되면 그토록 찾아 헤매던 삶의 의미라는 것이 그 어느 때보다도 명확하게 모습을 드러낸다.

복잡하다가도 한없이 단순해지는 삶을 통해 우리가 성취해야 할 의미는 어쩌면 존재하지 않을지도 모른다. 그저 이 삶으로부터 살아남기만 하면 되는 것이다. 살아남아서 다음 단계를 지나가면 되는 것이다.

그토록 기다린 눈은 아름다운 사진을 찍을 수 있는 기쁨을 느끼게 해주었지만 곧바로 목숨을 위협하는 공포를 가져다주었다. 고마운 신이었다가 난폭한 적으로 돌변해버린 눈. 마마두는 우리가 만난 눈이 이런 존재라는 사실을 알고 있을까? 그가 바라보았던 사막에 내리던 눈은 어떤 눈이었을까?

우리 앞에는 이제 하나의 단계만이 남아 있었다. 산을 내려가야 하는 시간이 온 것이다.

전등을 켜고 넘어지지 않도록 라켓을 발에 차고

어둠 속에서 미끄러운 눈 산을 내려가는 일이란 내게는 절망 그 자체였다.

이런 순간이 올 때마다 나는 늘 스스로에게 묻고는 했다.

"나는 무엇을 위해 이 모든 것을 겪고 있는 거지?"

대답은 들려오지 않았다. 하지만 지금 내려가지 않으면 나의 삶은

더욱 위태로워질 것이었다. 조심스럽게 내려가는 일밖에는 달리 도리가 없는 것이다.

⑭ 비구에라Viguera의 산 에스테반San Esteban 에르미타

42°18,828' N / 02°32,851' W

12세기, 리오하Rioja 지방에 지어진 이 건축물은 순전히 흙으로 만들어져 놀라움을 더한다.
돌출된 바위 절벽이 기후로부터 이 에르미타를 보호해주고 있다.

#14
만남
그리고 헤어짐

에르미타 여행이 막바지에 이르자 세바스티안은 더욱 많은 사진들을 찍어댔다.
하루 한 순간조차 그냥 흘려보내기는 너무도 아깝다는 듯이.
하늘도 그의 바람을 짐작했는지
며칠째 통통한 비둘기 가슴을 연상시키는 짙은 회색을 드리우고 있었다.
가끔씩 추적추적 내리는 겨울비에 젖은 에르미타는
구름 사이로 얇게 비치는 햇살을 받자 더욱 선명하게 빛났다.
가는 빛줄기는 바람에 의해 방향을 달리하며 온 세상을 부드럽게 비추고
온 세상은 짙은 회색빛 하늘을 배경 삼아 더욱 아름다운 색을 내뿜었다.
우리가 아침나절에 도착한 마을은 푸에블라 데 카스트로Puebla de Castro였다.
마을에 도착하자마자 산 로만 데 카스트로San Roman de Castro 에르미타를 찾아 나섰다.
산 속 어딘가에 숨어 있을 에르미타를 상상하며
이번에는 차로 접근하기가 쉬운 곳이면 좋겠다고 혼자 조용히 생각했다.

몇 명 살지도 않는 작은 마을의 아침은 절대적인 고요함 그 자체였다. 이리저리 이정표를 찾아봤지만 스페인 촌구석의 이정표는 그리 믿을 것이 못 되었다. 마침 60대가량 되어 보이는 한 아주머니가 골목을 지나가고 있었다. 산 로만 데 카스트로 에르미타를 묻자 아주머니는 고개를 갸우뚱거리며 한참을 골똘히 생각하고는 말했다.
"하비에르를 찾아가봐요. 그러면 그 에르미타가 어디에 있는지 말해줄 수 있을 거예요. 광장의 모퉁이를 돌면 문화센터라는 표지판이 보이는데, 거기에 가면 하비에르를 만날 수 있어요."
우리는 그를 어떻게 알아볼 수 있는지 물어보았다.
"아, 그를 찾는 건 매우 쉬워요. 단번에 그를 알아볼 수 있을 테니까. 덥수룩한 턱수염과 긴 머리를 한 사람은 그 사람뿐이거든요."
우리는 아주머니의 말을 믿어보기로 하고 광장의 모퉁이를 돌아 문화센터 표지판을 찾기 시작했다. 표지판은 문화센터라는 글귀가 손 글씨로 엉성하게 적힌 작은 나무판에 불과했다. 표지판이 지시하는 방향으로 10미터 정도를 전진하자 작은 선술집 하나가 모습을 드러냈다. 그 선술집의 이름은 '문화센터'였다.
문화센터라는 이름을 가진 바의 문을 열고 안으로 들어가자 지독한 시가 냄새가 코를 찔렀다. 휑한 공간에는 두어 개의 테이블과 바가 전부였다. 스페인의 작은 시골 마을의 바에서 흔히 만날 수 있는 풍경이었다.
이른 아침부터 늙은 남자들은 브랜디를 마시고 시가를 피워대며 썰렁한 카페 안에서 수다를 떨거나 동전으로 복권을 긁고 있었다.

그 안에서 하비에르를 찾기란 아주머니의 말처럼 매우 쉬웠다. 덥수룩한 턱수염과 긴 머리를 가진 남자는 단 한 명뿐이었으니까. 그는 바에 홀로 앉아 브랜디를 마시며 굵은 시가를 피워대고 있었다.

그는 이 세상의 모든 것에는 전혀 관심이 없다는 듯 무표정한 얼굴로 무언가를 응시하고 있었는데, 자세히 살펴보니 아무것에도 눈길을 주고 있지 않았다. 단지 시선을 허공에 둥둥 띄우고 있을 뿐이었다.

세바스티안이 그에게 말을 걸었다.

"하비에르 씨죠?"

하비에르는 자신에게 말을 거는 세바스티안을 유심히 훑어본 후 의심 어린 눈초리로 대답했다.

"그렇소만."

"마을에서 만난 한 아주머니가 당신이 산 로만 데 카스트로 에르미타가 어디 있는지 알려줄 거라고 하더군요."

"내가 왜 당신에게 그곳을 알려줘야 하지?"

뜻밖의 질문에도 세바스티안은 당황하지 않고 바로 다음과 같이 말을 이었다.

"만약 당신이 그곳을 찾는 방법을 알려준다면 내가 당신에게 브랜디 한 잔을 살 생각이거든요."

그러자 하비에르는 한 치의 망설임도 없이 바텐더에게 브랜디를 한 잔 주문했다. 그리고 이렇게 말했다.

"그곳을 찾는 방법은 매우 간단하오. 이곳을 지나 광장을 가로지르면 오른편에 넓은 오르막길이 나올 거요. 그 오르막길로 계속 올라가다보면 작은 숲이 나오는데 그때부터는 차로 갈 수 있는 길이 아니오. 하지만 그리 멀지는 않지. 한 10분 정도 계속 직진을 하면 에르미타가 보일 거요. 그런데 왜 그곳을 찾는 거요?"
"저는 로마네스크 양식으로 지어진 스페인 북부의 에르미타들을 찾아 사진을 찍고 있습니다."
"내가 조언 한마디 하지. 당신은 절대로 그 모든 에르미타를 다 볼 수는 없을 거야. 나는 당신 같은 사람들을 여럿 보아왔어. 로마네스크의 미에 반한 미친놈들도 아주 많이 이곳을 찾아왔었지. 하나같이 모든 에르미타를 찾아보겠다며 자신하지만 항상 들렀던 곳만 찾게 되는 것이 사람들의 안이한 심리인지라 다른 곳의 에르미타들을 찾아보는 대신 매년 이곳에 와서 같은 에르미타를 다른 각도에서 찍겠다고 그 알량한 카메라를 치켜드는 작자들이 수두룩하거든."
세바스티안은 그저 웃기만 했다.
물론 그 모든 에르미타를 다 찾아가볼 수는 없겠지만 지금껏 세바스티안이 얼마나 많은 에르미타들을 찍어왔는지 짐작이라도 한다면 그는 그렇게 말할 수 없을 것이기 때문이었다.
그런데 갑자기 하비에르가 다시 말을 이었다.
"그런데 말이야. 에르미타를 찾아 도시에서 사람들이 몰려드는 것을 보면 사람들은 뭔가 얼간이 같은 구석을 동경하는 것 같아. 당신도 예외는 아닌 것 같군."

"당신은 마치 오랜 시간 세상을 떠나 있는 은둔자 같은 외모를 하고 있군요."
세바스티안이 웃으며 그에게 대꾸했다. 그러자 그는 카페가 떠나갈 듯 큰 소리로 껄껄 웃어댔다.
"맞아, 난 이곳에 살지만 이곳에 속해 있지는 않지. 난 이 세상 어느 곳에도 속하지 않고 혼자야."
우리는 카페를 나오며 그와 악수를 했다. 그는 우리에게 이렇게 말했다.
"당신들의 에르미타를 찾길 내가 기원해주지."
그의 말처럼 산 로만 데 카스트로 에르미타를 찾는 일은 매우 쉬웠다. 세바스티안은 회색 하늘에 감싸인 에르미타 사진을 10분에서 15분씩 여섯 번을 찍었다.
시간은 11시 반을 가리키고 있었다. 우리는 서둘러 차로 돌아가 점심을 먹기로 했다. 푸석푸석한 스페인 바게트에 소시지를 얹어 먹고 작은 버너 위에 커피포트를 얹었다. 커피가 부글거리는 소리와 함께 끓어오르자 버너의 불을 끄고 커다란 머그잔에 커피를 따랐다. 뜨거운 커피 잔을 손에 쥐고 조금씩 마시자 온몸이 훈훈해졌다.
식사를 마치고 우리는 다음 에르미타를 향해 서둘러 길을 나섰다. 운이 좋으면 한 장의 에르미타 사진을 더 찍을 수도 있을 것이었다.

오후 늦게 우리가 도착한 곳은 스페인의 끝자락 바다를 끼고 있는 갈리시아Galicia 지방 토케스Toques 마을의 산 안토니오San Antonio 에르미타였다. 산 안토니오 에르미타는 바다 옆에 위치하고 있어서 특별한 사진을 얻을 수 있을 것 같았다.

빨간색 기와지붕의 작은 에르미타가 거대한 바다를 등에 지고 있었다. 바다에는 파도가 높게 쳤다. 높은 산들 사이에만 머물다가 탁 트인 바다를 보니 마음이 상쾌해져 왔다. 사진을 찍기에 날은 이미 저물어 어두웠다. 하지만 우리는 어둠 속에서 거센 파도가 부서지는 광경을 오랫동안 바라보며 시간을 보냈다.

저녁식사는 간단한 스파게티. 껍질을 벗기지 않은 토마토와 오레가노, 스페인 햄인 하몽과 말린 표고버섯을 섞어 볶으니 그럴싸한 스파게티 소스가 완성되었다. 우리는 바다를 바라보며 소스를 얹은 카펠리니 스파게티를 게걸스럽게 먹어치웠다. 지난밤에 먹다 남은 리오하 와인 반병을 홀짝거렸다.

바다 위 하늘은 끝이 보이지 않는 거대한 튜브처럼 보였다. 그 튜브 위로 수많은 별들이 흐르고 있었다. 밀리언 스타 호텔의 밤이 또 하루 지나고 있었다. 귓가에 머물던 파도 소리가 나를 깊은 잠으로 인도했다.

다음 날 아침, 정적을 깨는 소리에 나는 깜짝 놀라 눈을 떴다. 누군가 에르미타 익스프레스를 신경질적으로 두드리고 있었다. 세바스티안이 창문에 쳐진 커튼을 열었다. 누군가 차 문 앞에 서 있었다.

작은 시골 마을에서는 경찰이 단잠을 깨우는 경우가 허다했다. 마을에 주차된 낯설고 허름한 타지의 승합차를 수상하게 여기는 것은 어찌 보면 당연한 일이었다. 그런데 차창 밖으로 보이는 사람의 옷차림을 보니 경찰이 아닌 신부였다.

"자네는 누구인가? 여기서 밤을 보낸 겐가?"

"네, 산 안토니오 에르미타 사진을 찍으려고요."

세바스티안이 침착하게 대답했다. 신경질적인 인상을 한 신부는 의심의 눈초리로 이렇게 말했다.

"어째서 이 에르미타를 찍으려는 게지?"

"저는 사진작가입니다. 파비올라 여왕 재단의 후원으로 스페인 북부에 흩어져 있는 로마네스크 양식의 에르미타들을 찍고 있습니다."

스페인 사람들에게 파비올라 여왕은 매우 큰 의미를 지니는 것 같았다. 이 말을 듣자 신부 역시 험악하던 인상과 목소리를 갑자기 부드럽게 바꾸는 것이었다. 세바스티안 역시 스페인 사람들의 이런 단순함을 금방 알아챈 듯 누군가 의심의 눈초리를 보이기라도 하면 자동적으로 파비올라 여왕 재단의 후원 이야기를 설명에 흘려 넣었다.

"오, 그런가? 그래 지금껏 몇 채의 에르미타를 방문한 겐가?"

"550채 정도의 에르미타 사진을 찍었습니다."

"음, 많은 시간을 들였겠군. 혹시 산 안토니오 에르미타의 내부를 구경하고 싶나?"
신부는 산 안토니오 에르미타를 손으로 가리키며 세바스티안의 눈치를 살폈다.
"원래 주중에는 항상 닫혀 있지. 자네는 운이 좋은 편이군그래. 마침 오늘 작은 미사가 잡혀 있었어. 물론 마을 사람들은 아무도 오지 않았지만 말이야. 에르미타 안에는 13세기의 나무 조각품이 있지. 매우 진귀한 작품일세. 원한다면 내 그것을 보여주겠네."
우리는 당장 옷을 껴입고 차에서 내렸다. 짠 바닷바람이 얼굴을 스쳐왔다.

신부는 커다란 무쇠 열쇠로 에르미타의 문을 열었다. 에르미타 안에는 따뜻한 공기가 흘렀다. 작은 창을 통해 아침의 빛이 스며들고 있었다. 그런데 우리가 에르미타 안으로 발을 들여놓자 신부가 갑자기 문을 안에서 잠가버리는 것이었다. 깜짝 놀라 신부를 쳐다보았더니 신부는 매우 심각한 얼굴로 이렇게 말했다.
"마을 사람들이 한 명도 안 왔지만 그렇다고 오늘의 미사를 포기할 수는 없는 일일세. 자네들이라도 붙잡고 미사를 올려야겠어."
신부의 돌발 행동이 당황스럽기도 했지만 한편으로는 웃음이 나왔다. 신부는 30분가량 성경을 읊고 설교를 하고 찬송가를 불렀다. 우리는 그저 에르미타 한 귀퉁이에 가만히 앉아 있었다.
신부는 우리를 전혀 의식하지 않고 시간과 공을 들여 해야 할 모든 일을 마쳤다. 그러고는 이렇게 말했다.

"미사에 참석한 답례로 진귀한 보물을 보여주지."

신부는 에르미타 안에 있는 작은 문을 열었다. 그 안에는 신부의 말대로 13세기쯤에 만들어진 성삼위일체의 나무 조각품이 걸려 있었다. 대개 나무 작품들은 썩거나 불에 타 사라지는 경우가 많고 성삼위일체의 형상 모두가 보존되는 일은 더욱 드문 편인데 이 작품은 모든 것이 거의 그대로 보존되어 있었다. 화려한 색상까지도 잘 간직된 소중한 유물이었다.

"이 작품을 훔치러 많은 사람들이 찾아왔었지. 난 이것을 지키려고 항상 이 에르미타 주변을 맴돈다네. 사람들은 소중한 것을 함께 나누려 하기보다는 그저 비싼 가격에 팔아치울 생각만 할 뿐이야."

나는 그제야 왜 신부가 우리를 의심의 눈초리로 한참이나 훑어보았는지 이해할 수 있었다. 신부에게는 당연한 일이었다.

"이 에르미타에는 지하도 있네. 한번 내려가보게. 2,000년도 넘은 로마시대의 프레스코화도 구경할 수 있지."

지하로 내려가자 아름다운 문양과 그림이 어우러진 프레스코화가 선명하게 남아 있는 동굴이 나왔다. 물이 고여 있는 이끼의 흔적으로 보아 이곳은 목욕탕이나 온천으로 사용되었을 가능성이 높았다.

그 오랜 시간을 햇빛도 없는 굴속에서 지내왔을 그림들을 찬찬히 들여다보니 어쩌면 동굴 안의 시간은 다르게 흐르는 것일지도 모르겠다는 생각이 들었다. 오랫동안 작품을 바라보면 작품이 큰 손상이라도 입는다고 느꼈는지 신부는 몇 분의 시간이 흐르자 우리를 서둘러 내보내려 했다.

"자, 이제 떠날 시간이네. 자네들은 오늘 값진 작품들을 가까이에서 구경할 수 있는 영광을 누렸네. 신의 축복이 함께하기를."

신부는 커다란 무쇠 열쇠로 에르미타의 문을 잠갔다. 잠근 후에도 몇 번이나 문을 흔들며 잘 잠겨 있는지 확인했다.

"산 안토니오 에르미타 이야기를 할 때 이곳에 값진 보물이 간직되어 있다는 말은 말아주게. 도둑들이 몰려들면 나만 피곤해지거든."

신부는 에르미타의 유적들을 몹시 자랑스러워했지만 한편으로는 그것들이 파괴되거나 도난당할까봐 항상 전전긍긍하며 오랜 시간을 살아왔다고 했다. 나는 신부의 그런 마음을 이해할 수 있을 것 같았다.

신부와 헤어진 우리는 근처의 카페로 들어가 아침식사를 하고 화장실에서 세수를 했다. 카페를 나오자 바다를 배경으로 서 있는 산 안토니오 에르미타가 우리를 유혹하고 있었.

굵고 짙은 회색 붓으로 몇 번이나 덧칠한 수묵화를 닮은 하늘과 청회색의 바다에 감싸인 에르미타는 너무도 아름다웠다. 세바스티안이 카메라를 손에 들었다.

에르미타 익스프레스 여행으로 지친 우리는 잠시 휴식 시간을 갖기로 하고 소리아 지방에 있는 세바스티안 아버지의 별장으로 향했다. 소리아 지방에서도 작디작은 마을, 산으로 온통 둘러싸인 빌비에스트르 로스 나보스Vilviestre Los Nabos는 세 명의 주민들만 살고 있는 곳이었다.

스페인의 넓은 땅에는 이렇게 버려지거나 몇 명의 주민들만 남은 마을들이 수두룩했다. 대도시를 향해 젊은 사람들은 떠나고 마을에는 나이 지긋한 노인들만 남아 조용한 삶을 이어가고 있는 것이다.

빌비에스트르 로스 나보스에는 작은 구멍가게조차 없었다. 10분간 차를 타고 나가야만 작은 가게와 카페, 정육점이 나왔다. 이 마을에서 30년 넘게 살아온 라우라 아주머니는 세바스티안 아버지의 별장을 가끔 관리해주고 우편물을 챙겨주는 고마운 분이었다. 라우라 아주머니에게는 페르난도라는 아들이 하나 있는데, 한 번은 세바스티안의 아버지인 아놀드가 페르난도의 아버지는 어디에 있느냐고 묻자 쌀쌀맞은 목소리로 이렇게 말했다고 한다.

"그거 너무 사적인 질문인 것 같군요."

아주머니에게는 커다란 개도 한 마리 있었다. 흰색과 검은색으로 곱슬곱슬한 털이 멋진 이 개의 이름은 가스파였다. 아기 예수를 찾아왔던 세 명의 동방박사 중 한 명의 이름을 딴 것이었다.

가스파는 이 세상에서 가장 행복한 개였다. 스페인의 멋진 자연, 시냇가와 산을 마음껏 뛰어놀며 탐험할 수 있기 때문이다.

가스파는 한 번 집을 떠나면 열흘이 넘도록 온갖 모험을 하고 홀쭉해진 행색으로 돌아오곤 했다. 세바스티안과는 벌써 10년이 넘게 좋은 친구 사이였는데, 에르미타 익스프레스의 소리를 듣고는 마을 입구로 항상 세바스티안을 마중 나왔다.

가끔 세바스티안은 남은 음식으로 수프를 만들어 냄비에 담아 문 밖에 내놓았는데 냄비가 땅에 긁히는 소리가 나면 멀리서 얼룩 털을 한 가스파가 달려왔다. 또 세바스티안이 근처의 산이나 강으로 산책을 나가면 어느샌가 가스파가 따라붙었다.

얼마 전까지만 해도 가스파는 마을의 개들 중 제일 용맹스러운 대장 노릇을 했다. 그러다 작년 겨울 어느 날 발정기에 접어든 가스파는 일주일 동안 집을 떠나 헤매다 끔찍한 사고를 당하고 돌아왔다. 온몸은 커다란 개의 이빨 자국투성이였으며 왼쪽 눈도 다친 상태였다. 아마도 큰 개의 이빨이 가스파의 눈을 심하게 찌른 모양이었다.

홀쭉해져 웅크리고 있는 가스파를 발견한 세바스티안은 라우라 아주머니를 찾아갔다. 아주머니는 가스파에게 진통제를 한 알 먹였다고 했다. 가스파의 상처는 진통제 따위로 해결될 문제가 아니었다.

스페인 시골 사람들의 생활 방식은 이랬다. 동물들에게 한없는 자유를 주는 대신 먹이를 주는 일 외에는 그 어떤 보살핌도 주지 않는 것. 하는 수 없이 세바스티안은 가스파를 데리고 읍내의 동물 병원을 찾아가 치료해주었다.

가스파는 더 이상 마을의 대장 노릇을 할 수 없게 되었다. 하지만 여전히 낙천적이고 활달한 성격 탓에 세바스티안과 어디든 동행하려 했다. 가끔 마을의 다른 개들이 모여 가스파를 공격해오기도 하는데 그때마다 세바스티안이 도와주었다. 이후로 가스파는 세바스티안이 스페인 집에 와 있는 동안은 집 문 앞을 지켰다.
가끔은 모두가 자는 시간에 문 앞에서 다른 개들을 향해 밤새 짖어대기도 했다. 그때마다 세바스티안은 작은 나무토막을 창밖으로 던지며 가스파를 쫓았다. 하지만 다음 날 아침이면 가스파는 어김없이 나타나 장작을 패거나 마당에서 책을 읽는 세바스티안 옆에 머물며 나무토막으로 장난을 하거나 산책 나가는 세바스티안의 뒤를 따랐다. 세바스티안은 가스파를 만질 때마다 세상에서 가장 소중한 친구를 대하듯이 행복한 얼굴을 하며 말을 걸었고 가스파는 세바스티안이 무슨 말을 하는지 다 알고 있다는 얼굴을 하곤 했다.

며칠 동안 우리는 빌비에스트르 로스 나보스의 집에서 따뜻하고 편안한 휴식을 취했다. 낮에는 들과 강으로 산책을 가거나 읍내에서 장을 봐 요리를 해 먹었다. 장작불에 채소도 구워 먹고 오븐에서 오랜 시간 고기를 구울 수도 있었다. 이른 아침에 주변의 산으로 등산을 나가기도 했다.
그렇게 며칠이 지나고 집을 떠나기 바로 전날 슬픈 소식 하나를 들었다. 세상에서 가장 행복한 개 가스파의 사망 소식이었다. 마을을 찾은 생선 트럭에 치였다고 했다.
나는 여기저기 상처투성이에 더러운 흙을 묻히고 다니지만 늘 정으로 넘치는 눈빛을 한 가스파를 무척 좋아했다. 스페인의 아름다운 자연은 모두 가스파의 것이었고 한없이 자유로운 가스파가 이 세상 가장 행복한 개라고 생각하면서도, 제대로 된 보살핌을 받지 못해 매년 겨울마다 고작 며칠을 다녀가는 세바스티안을 늘 기다리며 정을 그리워하는 가스파를 보면서 어쩐지 마음 한 구석이 찡하고 슬퍼져왔다. 하지만 이제는 그런 느낌도 다시는 가질 수 없을 것이다.

가스파는 가고 없다. 바람처럼 자유롭게 살다 간 가스파가 없는 빌비에스트르 로스 나보스가 어쩐지 너무 쓸쓸하게 느껴졌다. 나는 하루 종일 가스파를 생각하며 눈물을 흘렸다.

세바스티안은 그런 나를 보며 말했다.

"너무 슬퍼 마. 그래도 가스파는 한없이 행복하게 살다 떠난 거야. 오랫동안 고통스러워하다 죽은 것이 아니라서 다행이라고 생각해. 왼쪽 눈을 잃은 후 이전과는 달리 많이 약해져 있었어."

그렇게 냉정한 말을 뱉어내는 세바스티안의 얼굴을 나는 가만히 들여다보았다. 나는 아무렇지도 않은 것 같은 그 얼굴에서 짙은 상실감과 쓸쓸함, 슬픔을 느낄 수 있었.

가스파가 떠난 다음 날 우리도 차에 짐을 싣고 다음 여정을 향해 떠났다. 세바스티안은 집을 떠난 후에도 매우 오랫동안 무거운 침묵만 입 안 가득 담고 있었다.

안녕. 가스파.

인생은 수많은 만남과 헤어짐으로 이루어져 있다.
여행은 그런 인생의 한 면을 가장 적나라하게 보여주는 좋은 본보기이다.
적절한 만남과 헤어짐이 있기에 긴 시간 동안 서로의 마음을 나눌 수 있고
또 짧은 만남의 시간들을 추억하며 살아갈 수 있다.
손에 잡히지 않는 기쁨, 과거를 추억하는 일이 과연 무슨 의미가 있을까 싶을 때도 있지만
사람은 미래를 향한 황홀한 꿈과 또 그만큼 아름다운 추억으로 채색된 과거를
디딤돌 삼아 현재를 진행할 수 있는 게 아닐까, 하는 생각을
여행하는 내내 수없이 반복했다.

여행에서 만나는 사람들과의 시간은 매우 특별하다. 서로에게 주어진 공간과 시간이 한정되어 있기에, 또 각자의 삶이라는 것이 존재하기에 우리는 그 짧은 시간 동안 최대한 많은 감정을 실어 서로를 대한다. 짧은 만남이기에 그의 삶이, 그의 근심이, 그의 슬픔과 기쁨이 더욱 짙어 보인다.

여행에서 만나는 사람들의 대부분은 다시 만나지 못하지만 소중한 순간을 나눈 사람들끼리는 서로의 가슴속에서 끝없이 관계를 유지하는 것 같다. 한동안 잊고 있다가도 문득 어떤 기억이 떠오르면 그때 그 순간을 함께했던 사람은 지금 무엇을 하고 있을까 궁금해지는 것이다.

어떤 음악이 그가 속한 공간에 흐르는지, 어떤 사람과 함께 시간을 보내는지, 또 어떤 걱정과 삶의 무게를 지고 하루를 시작하는지, 지금 이 순간에는 무엇을 하고 있을지, 그도 나처럼 옛 기억을 떠올리는지.

생각이 깊어지자 마음 한구석이 울렁였다. 그런 하나하나의 객체들이 모여 순간을 이루고 때로는 웃음을 선사해준다는 것은 알고 있다. 하지만 가스파를 생각하면 계속 마음이 슬퍼지는 것이 사실이었다.

나는 당신의 마음을 지니고 다닙니다

에드워드 에스틀린 커밍스

나는 당신의 마음을 지니고 다닙니다(내 마음속에 지니고 다니죠).
한 번도 내려놓은 적이 없어요(그대여, 내가 가는 곳은 어디든 당신도 가죠. 그리고 나 혼자 하는 일은 무엇이든 당신이 하는 겁니다. 나의 사랑하는 이여).
나는 운명이 두렵지 않습니다(사랑하는 그대여, 당신이 내 운명이기에).
나는 세계가 필요하지 않습니다(진실된 이여, 아름다운 당신이 내 세계이기에).
지금까지 달이 무엇을 의미해왔던 간에 그게 바로 당신이며
해가 늘 부르는 노래도 당신입니다.

여기에 아무도 모르는 가장 깊은 비밀이 있습니다(여기에 생명이라 불리는 나무의 하늘의 하늘, 싹의 싹, 뿌리의 뿌리가 있고 그것은 영혼이 희망하고 마음이 숨길 수 있는 것보다 훨씬 높게 자라납니다).
그리고 이것은 별들이 서로 떨어져 있게 하는 경이로움입니다.

나는 당신의 마음을 지니고 다닙니다(내 마음 속에 지니고 다니죠).

나는 헤어짐이라는 큰 무게가 내 앞을 가로막을 때마다 이 시를 외우곤 한다.

멀리서도 서로 빛을 발하기에 별들은 떨어져 있을 수 있다. 어쩐지 매우 큰 깨달음을 얻는 느낌이다. 그 깨달음은 헤어짐의 순간은 그리 큰 슬픔이 아니라고 위로하는 듯하다.

하지만 나는 그런 작은 만남과 추억들을 시냇가에 물 흐르듯 지나가게 하는 것이 아직도 버겁다.

⑮ 구이호사Guijosa의 라 이마쿨라다 콘셉시온La Immaculada Concepción 에르미타
41°45,821' N / 03°14,367' W

소리아 지방에 위치한 매우 작은 예배당인 이곳은 시대를 초월한 듯한 모습을 하고 있다.

#15
변해간다는
것

한참을 차로 달려 기이한 산맥에 도달했다.
레온Leon 지방의 라스 메둘라스Las Medulas라는 곳이었다.
기원전 로마시대 때 유럽에서 가장 큰 금광으로 알려졌던 이곳은
빨간 흙으로 된 산인데, 현재는 유네스코 지정 보호구역이다.
로마인들은 이곳에서 금을 캐기 위해 산을 깔때기 모양으로 파낸 후
멀리서 물을 길어와 그 안을 꽉꽉 채워댔다.
물이 점점 차오르면 산은 큰 진동을 일으키며 폭발했고,
거기에서 흘러나온 흙탕물에서 사금을 얻었다.
로마인들은 무역을 하기 위해 금화를 대량으로 찍어댔는데
모든 금화가 이곳에서 출토된 사금으로 만들어졌다.
그로 인해 로마인들은 큰 번영을 누렸지만
이곳에서 더 이상 금이 발견되지 않자 로마제국은 차차 소멸해가기 시작했다.

산은 뾰족하고 낮은 수많은 봉우리들로 나뉘고 깎여, 나무 한 그루 없이 붉은 속살을 드러내는 민둥산이 되고 말았다. 그런데 2,000여 년 전의 그 참혹한 현장이 지금 우리 눈에는 아름다워 현재는 유네스코 세계문화유산이 되었단다. 물론 역사적인 이야기와 유적도 세계 유산으로 보호받는 데에 한몫했겠지만 말이다.

참 이상한 것은 언제나 그렇듯 우리가 마음속에 품는 생각과 느낌이 변한다는 것이다. 당시 로마인들은 부를 위해 자연을 사정없이 훼손했다. 2,000여 년 전으로 돌아가지 않고서는 이 산이 어떤 모습을 하고 있었을지 절대로 알 수가 없는 것이다.

어쩌면 지금보다 더 아름다웠을지 모른다. 수많은 동물들과 나무들이 떼죽음을 당했을 것이다. 하지만 끔찍한 역사의 흔적만을 바라봐야 하는 우리의 눈에는, 지금 이렇게 뾰족하고 앙상하게 남은 산의 지형이 참으로 기이하고 신비롭게만 보인다.

언제나 시점과 타이밍이라는 것이 가장 중요한 역할을 한다. 지금 우리의 생각이 그릇되었다거나 아니면 정의롭다 하여 미래에 우리를 바라볼 후손의 시선 또한 우리와 동일할지는 전혀 짐작할 수 없는 노릇이다.

당시에는 그리도 중요했던 무언가가 긴 시간이 흐르면 아무렇지 않을 수도 있고, 예전에는 느끼지 못했던 소중함을 뒤늦게 깨닫고 후회할 수도 있는 것이다.

그런 생각을 하며 나와 사람들과의 관계를 생각해보자니 어쩐지 섭섭한 마음이 앞섰다. 내가 아끼고 사랑하는 누군가가 순전히 타이밍의 우연으로 인해 나를 만나고 그러다가 어느 순간 감정이 변덕을 부려 아무렇지도 않은 사이가 될 수 있는 것이다. 한때는 목숨도 내놓을 수 있을 것 같은 열정을 알게 한 사람이었으나 어느 순간부터 내 인생에서 아무 의미 없는 사람이 되는 것이다.

반대의 경우도 있다. 이 경우를 생각하면 마음이 좀 따뜻해진다. 아무런 느낌도 가질 수 없었다가 알아가고 이해하며 익숙해지고 끝내는 한없이 길들여져 내 삶에서 큰 의미를 차지하는 사람들도 있다.

그들은 내가 어디에 있건 나와 함께하며, 내가 하는 모든 선택이 그들의 선택이고, 나의 취향이 곧 그들의 취향이 된다. 하지만 이 또한 영원할 수는 없기에 언제 어떻게 서로의 감정과 시각이 변덕을 부려 갈라서게 할지 모른다.

복잡하게 엉켜 있는 삶과 인간관계를 결정짓는 요소는 과연 무엇일까? 무엇이 우리의 감정을 변화시키고 우리로 하여금 그 변덕스러운 감정의 늪을 끝없이 헤매게 하는 것일까?

산맥의 밑은 말라 죽은 올리브 나무투성이였다. 더 이상 커다란 나무들이 자라지는 않지만 그 민둥산의 모습은 어쩐지 신비로운 구석이 있었다. 산 너머 멀리 에르미타 한 채가 눈에 들어왔다. 바로 우리의 다음 목적지였다. 그리고 더 멀리로 눈 덮인 피레네가 보였다.

에르미타의 모습은 당시 찬란했던 왕국을 연상시켰다. 라스 메둘라스를 훤히 내려다볼 수 있는 그 높은 곳에서 당시 수도자들은 어떤 생각을 했을까? 그들 눈에는 황폐하지만 신비로운 산의 모습이 아름답게 비춰졌을까?

산맥은 회색 하늘의 아련한 빛을 받아 반짝이고 있었다. 만약 그것이 에르미타였다면 세바스티안은 로마인이 금을 찾기 위해 산을 파헤치듯 사정없이 핀홀 카메라의 셔터를 열어댔을 것이다. 이제 금을 발견할 수는 없지만 석양의 빛을 머금은 산맥은 커다란 금만큼이나 놀라운 형색이었다.

산 입구에는 염소 한 마리가 나무에 묶여 있었다. 염소는 왜 그리 심통이 나 있는지 우리를 향해 계속 뿔을 겨누었다. 부서진 로마시대의 금광을 지키기라도 하려는 듯 경계를 늦추지 않았다. 나무에 묶인 채 반항하는 염소의 모습은 아랑곳없이 흘러가는 시간을 향해 들어주지 않는 외침을 계속 질러대는 우리의 모습 같기도 했다.

이제 와 잃어버릴 것이 무엇일까? 숭고한 의미를 지녔음에도 불구하고 우리가 지금 잃어가는 것은 무엇일까?

그것이 무엇이 되었든 변화를 받아들인다는 것, 그것은 언제나 큰 용기가 필요한 일이다.

지금은 사라지고 없는 사람들. 영원히 사라진다는 것은 어떤 것일까? 자아를 잃는다는 것은 어떤 느낌일까? 아무런 느낌이 없는 것은 또한 어떤 느낌일까? 언젠가는 나도 이 세상에서 사라질 것이다.

지금보다 미숙했던 과거에는 죽음이라는 것이 그리 무섭게 느껴지지 않았다. 아니, 어쩌면 죽음 자체는 지금도 무섭지 않다. 하지만 내가 사라진다는 것, 나의 자아가 이 세상과 연을 끊고 아무렇지도 않게, 이미 없었던 듯 그렇게 사라진다는 것을 똑바로 상기시켜주었던 한 친구의 말이 생각나자 갑자기 형용할 수 없는 서늘함이 등을 쓸어내렸다. 이렇게도 익숙한 나 자신을 다시는 느낄 수 없는 것이다.

우리는 영영 알 수 없을 것이다.
이 세상 모든 사람들의 지혜를 모은다 해도
흘러가는 시간을 막을 수 없을 것이며 죽음의 의미 또한 찾을 수 없을 것이다.
한 가지 확실한 것은 우리는 변화를, 이별을 받아들여야 하는 존재라는 것이다.

⓯ 비야누에바 아라킬Villanueva Arakil의 누에스트라 세뇨라 데 베라스테귀Nuestra Señora de Berastegui 에르미타
42°55,684' N / 01°54,236' W

아라킬 계곡에 위치한 후기 로마네스크 양식의 에르미타이다.
이곳에 부착된 문은 초기 고딕 양식적인 요소를 품고 있다.

#16
봄의
시작

스페인의 겨울바람은 어찌나 사나운지 뺨을 이리저리 할퀴고 지나갔다.
그러던 것이 봄이 찾아들자 어느새 온순해져
코끝을 간질이고 머리카락을 기분 좋게 흩날렸다.
어쩐지 가슴까지 설레는 느낌이었다.
영영 오지 않을 것 같던 봄이 스페인 피레네 산맥에 밀려들고 있었다.
봄의 따뜻한 날씨와 햇살이 온 공기를 장악하다보니
에르미타의 하늘은 우리에게서 점점 멀어지는 것 같았다.
하지만 에르미타들이 위치한 높은 산에는 아직도 눈이 내렸다.
지금껏 세바스티안이 촬영했던 500개가 넘는 에르미타 중
가장 작은 에르미타를 이때 만났다.
돌을 쌓아 아담하게 지은 이 에르미타의 이름은 오르토네다Hortoneda 마을의
산 크리스토폴 데 세간Sant Cristofol de Segan이라고 했다.

에르미타라기보다는 거대한 대왕조개 같았다. 내부는 두 평 남짓의 안락한 공간이었다. 그 안은 겨울 내내 따뜻한 공기를 간직했었는지 약한 온기가 아직 맴돌고 있었다. 작지만 그 어떤 에르미타보다 두껍고 튼실한 돌벽을 가졌기 때문일 것이다. 추운 겨울을 여행하는 자들이 만나는 작은 온기는 세상에서 가장 소중한 보물과도 같다. 겨우내 산을 넘던 나그네들은 이 에르미타를 만나고는 얼마나 행복했고 또 위안을 받았을까?

산을 넘자 겨울은 이미 사라지고 없었다. 눈의 흔적이라고는 찾아볼 수도 없었고 산 위의 바위들은 내리쬐는 강한 태양에 그을린 살갗처럼 붉었다. 아니나 다를까, 그곳에서 만나는 집들과 에르미타 역시 빨간 돌들로 지어져 있었는데 그래서인지 산의 색에 파묻혀 집들이 잘 보이지 않았다.

다양한 토양과 바위를 가진 스페인의 산들은 저마다의 형색으로 우리를 유혹했다. 어떤 산을 오르건 시간의 흔적을 고스란히 담고 있었으며 그 안에서 자라는 나무와 풀은 이국적인 정취를 더하곤 했다. 한때는 이런 산 위에 작은 구멍을 뚫고 생활한 사람들도 있었다고 했다. 구멍들을 보고 있자니 감탄이 절로 나왔.

어떻게 저런 구멍 속에서 생활할 수 있었을까? 에르미타를 지었던 수도자들과 방랑자들이었을까? 아니면 마을 주민들의 삶 자체가 그랬던 것일까? 너무도 오래된 시절의 이야기인지라 기록에도 남아 있지 않아 우리는 그저 흔적들로 유추해볼 뿐이었다.

다른 산을 하나 더 넘었다. 봄비가 추적추적 내리고 있었다. 비에 젖은 마을은 높은 채도를 띠고 있었으며 비를 뿌리는 하늘은 회색빛이었다. 우리에게는 반가운 소식이었다. 비를 맞으며 도착한 마을은 부르고스Burgos의 알토 에브로Alto Ebro였다.

산 너머에는 건조한 공기가 가득했지만 이곳은 벌써 며칠째 비가 내리고 있다고 했다. 마을을 둘러싼 산은 석회석으로 이루어져 곳곳에 물이 흐르는 구멍들을 가지고 있었다. 산에 내린 비는 그 구멍으로 흘러 마을 위로 쏟아졌다. 이곳은 '비의 마을'이라고 불렸다.

특별한 지형 탓에 다른 곳보다 강으로 흐르는 물의 양이 많다보니 물살의 위력도 무시무시할 정도로 셌다. 매년 봄과 여름에는 카약을 즐기기 위해 이곳의 거센 물살을 찾아오는 사람들도 많다고 했다.

마을 전체에는 항상 물 흐르는 소리가 울려 퍼졌다. 집들은 물로부터 보호하기 위해 높은 곳에 있었는데 그중에는 산 위에 아슬아슬하게 얹어진 듯 보이는 집들도 있었다. 강이 범람해 길이 막히는 경우도 허다하다고 했다. 흐르는 물 사이로 투명한 얼음들이 녹고 있었다. 봄이 이곳에도 찾아온 것이다.

그래도 아직은 쌀쌀한데 새싹들은 서둘러 땅 위로 올라오려 했다. 붉은 바위틈으로 초록의 잎사귀들과 아직도 녹지 않은 하얀 눈이 아름답게 어우러져 있었다.

갈 길은 아직도 멀었다. 우리가 찾는 발델라테하Valdelateja 마을의 산타 센톨라 이 산타 엘레나Santa Centola y Santa Elena 에르미타는 산을 넘고 또 넘어야 나오는 봉우리 위에 홀로 서 있다고 했다.

다음 마을은 석회석의 골짜기 속에 들어 있는 오르바네하 델 카스티요Orbaneja del Castillo였다. 이곳은 일명 '키스하는 낙타 마을'이라고 불렸다. 오랜 세월, 바람과 비 그리고 눈에 의해 깎여 마치 서로에게 입맞춤을 하는 낙타의 모습을 연상시키는 바위가 있기 때문이었다.
비는 그쳤지만 이 마을 역시 알토 에브로로부터 흘러 들어온 거센 물살이 마을 한가운데를 가로지르고 있었다. 회색 하늘 위로 얇고 선명한 무지개가 떠올랐다. 아름다운 광경이었지만 해가 지기 전까지, 회색빛 하늘이 마음을 바꾸기 전에 산타 센톨라 이 산타 엘레나 에르미타에 도착해야만 했다.

산을 넘고 마을들을 가로질러 많은 만남과 이별을 하고 또 산을 기어올라 그렇게 에르미타들을 하나씩 사진 찍어왔다. 4개월의 긴 겨울 동안 우리의 머릿속에는 온통 에르미타 생각뿐이었다. 이런 겨울을 사진사 세바스티안은 7년간 보내온 것이었다.
나는 그의 노력에 하루에도 몇 번씩 감탄을 했다. 하지만 어느 순간, 그는 어떤 믿음을 가졌기에 그 바보짓을 그리 오랫동안 해올 수 있었을까 하는 의구심이 들기도 했다. 숨어 있는 그 많은 에르미타를 세상에 보여주는 것이 무슨 의미가 있을 것이며 또 작가의 마음을 이해하며 그것을 값지게 봐줄 사람은 또 몇이나 될까?
에르미타 여행 막바지에 이르자 나는 여러 가지 생각들로 머릿속이 복잡해졌다. 에르미타의 은둔자와 같은 생활을 하다가 다시 세상 속으로, 사람들 속으로 들어갈 생각을 하니 덜컥 겁이 났다. 무엇을, 어디서부터 다시 시작해야 하는 걸까? 건조한 현실을 맞이할 준비가 아직은 되지 않은 것 같았다. 점점 따뜻해지는 봄바람이 내 얼굴을 부드럽게 감싸 안았다.

우리는 그로부터 몇 개의 에르미타를 더 방문했다. 와인으로 유명한 리베라 데 두에로Ribera de Duero 마을에서 에르미타를 찾을 때였다. 포도밭 한가운데에 있는 에르미타였다. 우연히 만난 한 할아버지에게 길을 묻자 이런 대답이 돌아왔다.

"자네들끼리는 그곳을 찾을 수 없어. 내가 차에 탄 후 안내해주겠네. 그 전에 우리 보데가에 들러 포도주나 한 잔씩 들고 가게나."

퉁명스러운 말투의 노인이었지만 그의 따뜻한 마음이 눈빛으로 전해졌다. 우리는 노인을 따라 보데가로 들어갔다. 한참을 땅속으로 내려갔음에도 불구하고 끝은 보이지 않았다. 가파르고 좁은 계단을 계속 내려가니 마치 우물에 갇힌 듯한 기분이었다. 살짝 걱정스러운 마음도 들었다.

하지만 발이 바닥에 닿는 순간 걱정 대신 경이로움이 이내 그 자리를 차지해버렸다. 1년 내내 영상 17도라는 일정한 온도를 유지하는 보데가 안은 따뜻했고 포도주 익는 냄새가 진동하고 있었다.

한 잔으로 시작한 와인은 어느새 두 잔이 되고 세 번째 잔에 이르자 얼굴이 발갛게 달아올랐다. 노인은 여러 가지 다른 와인들을 우리에게 계속 따라주려 했다. 그곳에 있고 싶었지만 에르미타가 우리를 기다리고 있었다. 노인은 에르미타까지 인도해주고는 사라졌다.

노인의 보데가에서 마신 와인이 어찌나 맛있었는지, 촬영을 마친 우리는 그날 밤 마을에서 맛있는 와인 몇 병을 사다가 에르미타 익스프레스에서 홀짝홀짝 마셔댔다.

"여행 중에 만나는 사람들은 정말이지 가지각색이야. 큰 도움을 주는 사람들도 많지만 이상하고 고약한 사람들도 많이 만나. 하지만 스페인의 외딴 마을에서 주로 마주치는 사람들은 마을에 마지막으로 남아 있는 쓸쓸한 노인들이지.
몇 해 전에 소리아 북쪽 토레 데 라바네라Torre de Rabanera에서 에르미타를 촬영하고 있었어. 마을의 우뚝 솟은 언덕에 위치한 에르미타였는데, 작은 마을이다 보니 내가 입은 빨간색 점퍼는 금방 눈에 띄었지.
호기심이 발동한 세 명의 노인들이 언덕으로 부랴부랴 올라와 내게 이런저런 질문을 해대더라고. 나는 사진작가이고 에르미타를 찍고 있다고 설명을 했지. 그들은 마치 사진기를 처음 보는 것처럼 신기해하더군. 촬영하는 내내 내 옆에서 떠나질 않았지.
그 세 노인이 마을에 남은 전부라는 말에 나는 살짝 마음이 동해 사진을 찍어주었어. 그리고 빠른 시일 안에 사진을 보내주겠다는 약속을 하고 동네를 떠났지. 그로부터 벨기에의 집으로 돌아가기까지 석 달의 시간이 더 걸렸고, 그제야 사진 세 장을 인화해서 그분들에게 우편으로 보냈어. 내 명함도 함께 넣어서 말이야. 그랬더니 얼마 후 이메일이 온 거야. 명함에 인쇄되어 있는 이메일 주소를 본 게지. 거기에는 이런 메시지가 들어 있었어.
'사진 고맙게 잘 받았네. 그런데 이메일로 보내줬으면 될 것을 참 많은 시간이 걸렸군그래.'
마을에 세 명 남은 노인들이라고 내가 그들의 삶을 섣불리 판단해버렸던 거야. 일흔이 훨씬 넘은 노인네들이 이메일을 사용할 거라고 상상이나 할 수 있었겠어? 그것도 도시와 뚝 떨어진 외딴 마을에서 말이야.
그때 깨달았어. 그들이 나를 신기한 눈길로 바라보며 사진 찍는 내내 내 곁에 머물렀던 이유는 내가 가진 카메라 때문이 아니었던 거야. 셋밖에 남지 않은 텅 빈 마을에 오랜만에 찾아온 타지 사람을 구경했던 거지. 외로웠던 거야."

봄은 이제 어느 곳에나 도착해 있었다. 약간은 쌀쌀한 밤공기에서 싱그러운 새싹 냄새가 느껴졌다. 잔잔하게 흐르는 시냇물 위, 그 위를 반사하는 찬란한 햇살에도, 그리고 멀리 바라보이는 페드라포르카Pedraforca 산(포크 바위라는 별명을 가진 이곳은 전설에서는 '악마의 창'이라 불리기도 한다. 카디 모이제로Cadi-Moixero 피레네와 바르셀로나 북부에 위치한 이곳은 등반가들에게도 잘 알려져 있다)의 하트 모양을 한 봉우리 위에도 봄은 찾아와 있었다.
하트 모양의 바위 위에 눈이 쌓여 마음이 쪼개지듯 두 쪽으로 갈라진 모습이었는데, 아직도 하얀 눈은 남아 있었지만 며칠 그 앞을 지나다 보니 눈이 점점 녹고 있다는 것을 알 수 있었다. 마치 두 마음이 서서히 합쳐지는 것처럼 말이다.

다음 날, 마지막 에르미타를 향해 길을 떠났다. 우리의 마지막 에르미타는 한 달 전에 촬영한, 코르사Corçà에 있는 마레 데 데우 데 라 페르투사였다. 오랜 시간을 들여 촬영했지만 작은 구름 한 점이 자꾸 사진 속에 나온다며 세바스티안이 불평했는데, 결국은 다시 촬영을 하기로 마음먹은 것이다.

번거롭긴 했지만 다시 찾은 그곳은 마지막 촬영을 끝내고 작은 축하 파티를 열기 위한 장소로 안성맞춤이었다. 뾰족하게 솟은 산봉우리 위에 에르미타가 있고 가파른 계곡 사이로는 유유히 강이 흐르는 아름다운 곳이었기 때문이다. 우리는 반대편 절벽에 차를 세웠다. 에르미타가 있는 곳에 도달하려면 이 절벽을 내려간 후 다시 가파른 봉우리를 올라야 했다. 하늘은 사진을 찍기에도 딱 좋았다.

시간은 오후 3시. 사진을 찍으려면 서둘러 에르미타에 도달해야 했다. 우리는 카메라 장비와 와인, 치즈를 가방에 꾸려 길을 나섰다. 가파르고 험한 산을 오르는 일도 오늘이 마지막이라 생각하니 그리 힘들지 않았다.

에르미타에 도착한 세바스티안이 카메라 장비를 설치하는 동안 나는 근처 바위에 앉아 와인 병을 열고 치즈를 잘랐다. 핀홀 카메라의 노출을 25분으로 정했다. 그 25분간 우리는 카메라 다리 밑에서 와인을 마셨다.

세바스티안은 하늘이 변하지 않기를 기원하며 들어보지 못한 히브리어로 노래를 부르기 시작했다. 무슨 의미인지 알 수는 없었지만 불끈 쥔 주먹과 목소리에 에르미타 사진을 향한 간절함이 장난스럽게 섞여 있음은 느낄 수 있었다.

에르미타 여행의 마지막 저녁이 그렇게 끝나고 있었다. 봄바람이 산뜻한 강물 냄새를 코끝으로 실어왔다. 세바스티안의 노래가 멈추었다. 우리는 한동안 아무 말도 하지 않았다.

아무런 소리도 들리지 않는 고요한 그곳. 반대편 절벽에서는 에르미타 익스프레스가 얌전히 우리를 기다리고 있었다.

그날 밤은 둥그런 보름달이 계곡을 비추었다. 그 빛이 어찌나 강한지 산과 계곡은 온통 선명한 푸른색으로 물들어 있었다. 매우 특별한 광경이 아무렇지도 않게 우리의 눈앞에서 펼쳐지고 있었다. 잠이 쉽게 오지 않았다. 밤공기도 따뜻했다. 에르미타의 겨울이 그렇게 끝났다.

여행을 마치고 집으로 돌아갈 시간. 우리를 기다리는 도시의 봄은 어떤 모습일까?
순간순간에 갇혀 생활해야 하는 도시로부터 긴 휴가를 떠나 편안하고 느슨해진 마음을
힘껏 조여야 할 시간이 점점 다가오고 있었다.
그 모든 소용돌이의 삶을 맞이하기 전에 크게 심호흡을 한 번 해야 할 것 같았다.

순례자들의 안식처,
에르미타를 찾아서

초판 1쇄 인쇄 2013년 11월 25일 초판 1쇄 발행 2013년 12월 10일

글·사진 지은경   사진 세바스티안 슈티제
펴낸이 연준혁

출판 7분사 분사장 김은주
편집 최은하
디자인 강경신
제작 이재승

펴낸곳 (주)위즈덤하우스   출판등록 2000년 5월 23일 제13-1071호
주소 경기도 고양시 일산동구 장항동 846번지 센트럴프라자 6층
전화 031)936-4000   팩스 031)903-3893   홈페이지 www.wisdomhouse.co.kr
종이 월드페이퍼   인쇄·제본 (주)현문   후가공 이지앤비

ⓒ 지은경·Sebastian Schutyser, 2013

ISBN 978-89-5913-768-8 03810
값 15,000원

* 잘못된 책은 바꿔드립니다.
* 이 책의 전부 또는 일부 내용을 재사용하려면 반드시
  사전에 저작권자와 (주)위즈덤하우스의 동의를 받아야 합니다.

국립중앙도서관 출판시도서목록(CIP)

순례자들의 안식처, 에르미타를 찾아서 / 글·사진: 지은경 ; 사진: 세바스티안 슈티제. -- 고양 : 위즈덤하우스, 2013
    p. ;   cm

ISBN 978-89-5913-768-8 03810 : ₩15000

수기(글)[手記]

041-KDC5
089.957-DDC21   CIP2013024552

Map of northern Spain and southwestern France

Coimbre
Estrella
Castel Branco
Salvaterra
Coria
Plasencia
Canaveral
Alcantara
el Casar
Caceres
Truxillo
Torremocha
Léon
Zorita
Guadalupe
Abrantès
Portalegre
Estremos
Elvas
Badajoz
Merida
Medelin
Evora
Olivenca
Almendralejo
Campanario
Zamalea
Puebla de Alcocer
Almaden
Zafra
Llerena
Belalcazar
Sierra
Morena
Moura
Beja
Serpa
Fregenal
Aracena
Cazalla
Constantina
Cordoue
el Ronquillo
Puente Palmera
Carlota
Mertola
Valverde
Niebla
San Lucar
Séville
Ecija
Carmona
Marchena
Osuna
Estepa
Antequera
Moron
Ayamonte
Moguer
Castro Marim
Lebrija
Guadalquivir
Xeres
Arcos
Cadix
Puerto Real
I. de Léon
Medinasidonia
Malaga
Marbella
Estepona
Guadiana
Tage